ESTUDOS PARA EXAME DE ORDEM

- Estatuto
- Regulamento Geral
- Código de Ética

CESAR LUIZ PASOLD

ESTUDOS PARA EXAME DE ORDEM

- Estatuto
- Regulamento Geral
- Código de Ética

CONCEITO EDITORIAL

2010

EDITORA CONCEITO EDITORIAL

Catalogação na Publicação: Bibliotecária Cristina G. de Amorim CRB-14/898

P283e

Pasold, Cesar Luiz
Estudos para o Exame de Ordem / Cesar Luiz Pasold - Florianópolis: Conceito Editorial, 2010.
104p.

ISBN 978-85-7874-121-1

1. CESPE 2. Concurso 3. Exame de Ordem 4. Direito I. Título

CDU – 340.076

Editora Conceito Editorial
Rua Farroupilha, 153, Campinas - CEP 88117-100 - São José - SC - (48) 3205-1300
www.conceitojur.com.br

Dedico este Livro ao meu Filho CESAR LUIZ PASOLD JÚNIOR, que - com seriedade, dignidade e competência – faz da Advocacia a sua Missão de Vida!

Agradeço:

- à minha Esposa MÔNICA ELIAS DE LUCCA PASOLD pelo apoio irrestrito e incentivo;

- ao meu Filho RALF DE LUCCA PASOLD pelo tempo que, novamente, tirei da atenção que lhe devo dar e que ele merece;

- ao Colega Advogado GABRIEL VELOSO DE LUCA pelo precioso auxílio que me deu para a composição deste Livro.

"Existe uma qualidade que se chama talento, e esta consiste em sermos capazes de praticar as ações que conduzem ao objetivo visado e de atingi-lo."[1]

ARISTÓTELES

[1] ARISTÓTELES. **Ética a Nicômaco.** 3 ed. Tradução do grego, introdução e notas de Mário da Gama Kury. Brasília: Editora Universidade de Brasília, 1999.Título original: Ethikon Nikomacheion.

Sumário

INTRODUÇÃO

O Exame de Ordem é fruto de uma determinação legal e a sua aprovação se constitui num dos requisitos para que o Bacharel em Direito obtenha a sua inscrição na Ordem dos Advogados do Brasil e, a partir disto, possa exercer a Advocacia.

Assim o é porque a Lei 8.906/94 (que dispõe sobre o Estatuto da Advocacia e a Ordem Dos Advogados Do Brasil – OAB) em seu artigo 8º relaciona os diversos requisitos para a inscrição como Advogado, e o inciso IV reza *"aprovação em "Exame de Ordem"*, o qual segundo o parágrafo 1º do mesmo artigo *"(...) é regulamentado em provimento do Conselho Federal da OAB"*.

Portanto, o Exame de Ordem é, na prática, uma espécie de concurso para admissão no Quadro de Inscritos na Ordem dos Advogados.

O Legislador que o institui foi muito feliz, porque esta medida qualifica sempre mais a Advocacia e o seu exercício.

Neste ano de 2009, em 08 de maio, completei 41 (quarenta e um) anos de exercício da Advocacia e, por isto, não resisto a apresentar, aqui e agora, ao meu Leitor que está se preparando para o Exame de Ordem, algumas considerações sobre esta profissão pela qual, sem dúvida, se me fosse dado voltar ao passado, eu optaria novamente.

Por sua própria natureza, o Advogado é um profissional ao qual muito peculiarmente incumbe a participação na construção de uma Sociedade mais justa, sempre sob a inspiração da Democracia.

No seu desempenho, ele não pode e não deve esquecer nunca desta sua característica denotativa fundamental.

Por isto, em minha opinião, a atuação do Advogado deve ser presidida por uma tríade de qualidades básicas:

1- Competência cultural (e não apenas técnica);

2- Ética irrepreensível; e

3- Espírito público e cidadania ativa.

A cada afastamento ou menosprezo de qualquer destes atributos essenciais corresponde um desgaste - não recuperável facilmente – para toda a categoria profissional dos Advogados.

O cultivo de cada uma das três qualidades exige;

- empenho;

- dedicação extremada ao estudo e ao trabalho;

- perseverança, paciência, humildade cientifica, desprendimento;

e, sobretudo,

-uma atitude de dignidade profissional que se traduza em comportamentos efetivamente voltados ao exercício correto do seu labor.

Sob o ponto de vista estritamente legal, isto é, em decorrência do que estabelece o **ESTATUTO DA ADVOCACIA E DA OAB**, aprovado pela Lei nº 8.906/94[2], o Advoga-

---

[2] Veja-se: o artigo 1º e seus dois incisos; o parágrafo 3º do artigo 2º; o caput do artigo 3º, o artigo 8º e seus sete incisos; e o artigo 11 e seus cinco incisos, todos da lei citada. Fonte: http://

do é aquele profissional, inviolável nos limites da Lei – por seus atos e manifestações no exercício de sua profissão -, que detém privativamente a capacidade de:

1º - postular a órgão do Poder Judiciário e aos juizados especiais; e

2º - exercer as atividades de consultoria, assessoria e direção jurídicas.

Tal condição privilegiada somente pode ser detida por pessoa que esteja inscrita na Ordem dos Advogados do Brasil – OAB.

Para esta inscrição, a lei relaciona, em seu artigo 8º, os sete requisitos seguintes:

> "I - capacidade civil;
>
> II - diploma ou certidão de graduação em direito, obtido em instituição de ensino oficialmente autorizada e credenciada;
>
> III - título de eleitor e quitação do serviço militar, se brasileiro;
>
> **IV - aprovação em Exame da Ordem;**
>
> V - não exercer atividade incompatível com a advocacia;
>
> VI - idoneidade moral;
>
> VII - prestar compromisso perante o conselho".
>
> (sem o negrito no original)

---

www.planalto.gov.br/ccivil_03/Leis/L8906.htm (acesso em 08 de maio de 2009).

De outra parte, nos termos do artigo 11 da Lei nº 8.906/94, o cancelamento da inscrição e a perda da condição profissional pode ocorrer numa das seguintes cinco situações:

a) quando o profissional assim o requerer;

b) quando ele sofrer a penalidade de exclusão do quadro de Advogados da OAB.

c) se ele falecer;

d) no caso de ele passar a exercer, "em caráter definitivo, atividade incompatível com a advocacia"; e,

e) quando perder qualquer um dos sete requisitos necessários à sua inscrição na OAB.

O Advogado tem uma série de Direitos (a Lei os arrola em dezenove incisos, em seu artigo 7º [3]), que vão, por exemplo, desde o exercício "com a liberdade" da profissão "em todo o território nacional" até "usar os símbolos privativos da profissão de Advogado".

Tem, também, Deveres tanto os de ordem operacional, quanto aqueles de natureza ética e disciplinar, como, por exemplo, o de ser responsável "pelos atos que, no exercício profissional, praticar com dolo ou culpa" (artigo 32, *caput,* da lei), havendo a tipificação de, pelo menos, vinte e oito situações (artigo 34, incisos I a XXVIII) que constituem infração disciplinar do Advogado e uma específica

---

[3] Na realidade o artigo 7º possui 19 incisos vigentes de um total original de 20 (vinte), sendo que um dos então existentes foi suspenso pela ADIN 1.127-8. Importante registrar que o inciso II está vigente mas com nova redação que lhe foi conferida pela Lei nº 11.767/2008. Vide: http://www.planalto.gov.br/ccivil_03/Leis/L8906.htm (acesso em 08 de maio de 2009).

ao estagiário (artigo 34, inciso XXIX). O parágrafo único do artigo 34, inclui na "conduta incompatível", "a prática reiterada de jogo de azar, não autorizado por lei"; "incontinência pública e escandalosa" e a "embriaguez ou toxicomania habituais". As sanções disciplinares previstas são: censura, suspensão, exclusão, multa (artigo 35, incisos I a IV). O parágrafo único do artigo 35 dispõe que após a decisão ter transitado em julgado, as sanções "devem constar dos assentamentos do inscrito", e veda a publicidade da sanção do tipo censura.

O Advogado pode exercer a sua profissão[4]:

- na condição de liberal, isoladamente ou associado em "Sociedade de Advogados";

- ou ser "Advogado empregado" de empresa privada ou paraestatal;

- ou exercer a Advocacia exclusivamente legitimada pela vinculação à função que detenha na condição de Procurador Geral, Advogado Geral, Defensor Público ou dirigente de "órgãos jurídicos da administração pública direta, indireta e fundacional";

- e/ou, ainda, pelo exercício de atividades de direção, consultoria e assessoria jurídicas.

A lei (em seu artigo 27) define que ocorrerá proibição total para o exercício da Advocacia nos casos de incompatibilidade (listados no artigo 28, incisos I a VIII e dois parágrafos), e que haverá proibição parcial do exercício da Advocacia se o profissional se enquadrar nas situa-

---

[4] Possibilidades arroladas em virtude das disposições contidas nos artigos 15, 18, 29 e diante do disposto no inciso II do artigo 1º, todos da Lei 8.906/94.

ções de impedimento (configuradas no artigo 30, inciso I e II e seu parágrafo único).

Merece destaque, também, o disposto no parágrafo 1º do artigo 2º do Estatuto, segundo o qual:- "No seu ministério privado, o advogado presta serviço público e exerce função social".

Até aqui apresentei, em retrato sintético, a caracterização básica do Advogado sob o ponto de vista infra-legal.

Contudo, há um aspecto muito importante a acrescentar, que é a (inédita até então) maneira como o Advogado é considerado constitucionalmente, desde a entrada em vigência da nossa Constituição Brasileira de 1988.

O artigo 133 da Constituição da República Federativa do Brasil, promulgada em e vigente desde 05 de outubro de 1988, dispõe:

> *"O advogado é indispensável à administração da justiça, sendo inviolável por seus atos e manifestações no exercício da profissão, nos limites da lei".*

Como se pode perceber, há neste artigo constitucional dois pontos capitais que merecem reflexões e difusão.

O primeiro deles é a condição de indispensabilidade do Advogado para a administração da justiça.

Isto significa que a dinâmica judiciária não pode prescindir da participação concreta e da presença efetiva do Advogado, o qual se torna indispensável ao seu funcionamento completo.

Apesar de algumas interpretações de ordem restritiva - raras, sejam as doutrinárias sejam as de ordem jurisprudencial[5] -, é muito difícil não perceber que a intenção clara e precisa do legislador constituinte transformou-se em letra e redação incisiva, dispondo sobre o caráter essencial do Advogado para administração da Justiça.

Ora, a regra constitucional em questão, ao consagrar tal *status* ao Advogado, trouxe-lhe, concomitantemente, uma importante conseqüência.

Há um adágio latino que diz: *honor et onus.* Isto significa que à qualquer honra ou distinção correspondem em contrapartida as responsabilidades decorrentes do *status* conferido.

O Advogado, ao ter sido alçado constitucionalmente à condição de indispensável à administração da Justiça, teve – sem dúvida – a sua condição profissional extremamente valorizada, mas, paralelamente, viu as suas responsabilidades enormemente aumentadas.

A partir da tal natureza especial, o Advogado tem maiores e mais sérios compromissos, tanto os relativos à qualidade técnica do seu trabalho, quanto e principalmente,

---

[5] É preciso registrar aqui que o Supremo Tribunal Federal, na Adin sob o número 1127-8, admitiu que a postulação em Juizados de Pequenas Causas, na Justiça Trabalhista e na Justiça de Paz, possa ser feita diretamente pelas partes sem a presença indispensável do Advogado. Além disso, lembro que a própria Lei, no parágrafo 1º do seu artigo 1º, exclui da "atividade privativa de advocacia a impetração *de hábeas corpus* em qualquer instância ou tribunal". Veja: http://www.stf.jus.br/portal/peticaoInicial/verPeticaoInicial.asp?base=ADIN&s1=oab&processo=1127 (acesso em 10 de junho de 2009).

no que concerne à sua conduta ética.

O segundo ponto que merece realce no texto do artigo 133 da Constituição da República é a inviolabilidade que se apresenta sob duas restrições, a saber:

1º - ela não é total, uma vez que somente se faz presente nos atos e manifestações do Advogado em seu exercício profissional, vale dizer que se circunscreve à prática da Advocacia;

2º - ainda assim, ou seja, mesmo circunscrita ao exercício da Advocacia, a inviolabilidade ocorrerá nos limites da Lei.

No que concerne aos "limites da Lei", dentro dos quais transcorrerá a inviolabilidade no exercício profissional, destaca-se o da Lei em sentido específico vale dizer, aqueles estabelecidos pela Lei nº 8.906/94; e nela, entre outros, destaco os artigos 31 a 33, e 34 a 43 (normas básicas sobre a "ética do Advogado" e a caracterização das infrações, respectivamente) como regras que, se violadas pelo Advogado no exercício profissional ou quando nelas enquadrado, não podem ser afastadas ou ignoradas a pretexto da inviolabilidade constitucional. Ocorrerão, portanto, as conseqüentes repercussões tanto em termos de sanção disciplinar corporativa, como, quando for o caso, na órbita penal e/ou civil.

Obviamente (e é necessário, muitas vezes, enfatizar o óbvio), a regra constitucional da inviolabilidade, como lhe é explicito, somente se aplica a "atos e manifestações no exercício da profissão", isto é, na sua vida social, o Advogado está sujeito ás mesmas regras jurídicas que se aplicam às demais pessoas, sem qualquer privilégio, exceto a prisão especial antes do trânsito em julgado de sentença, conforme o inciso V do artigo 7º da Lei nº 8.906/94: "*V - não ser recolhido preso, antes de sentença transitada em julgado, senão em sala de Estado Maior, com instalações e comodidades condignas, e, na sua falta, em prisão domiciliar; (Vide ADIN 1.127-8[6])*"[7]

Enfim, como se viu, a moldura constitucional em que se insere o Advogado lhe confere um *status* muito especial e diferenciado, ao qual, repito, correspondem responsabilidades de igual teor de importância.

E, nesta condição, a Sociedade tem todo o Direito de exigir do Advogado que tenha atitudes e comportamentos compatíveis ao tratamento constitucional privilegiado que recebeu.

Portanto, você, Leitora ou Leitor, que está se preparando para o Exame de Ordem, fixe bem em sua mente este perfil jurídico do Advogado que acabo de apresentar.

E fixe não somente para responder questões que possam estar na Prova, mas e principalmente para quando tiver ultrapassado este desafio e tendo sucesso no Exame, obtiver a sua inscrição na OAB.

Dali em diante, como Advogado, honre e dignifique a nossa Profissão, sempre!

---

[6] O dispositivo do inciso V do artigo 7º tem sua redação parcialmente modificada, com supressão de trecho, por força da ADIN 1.127-8. Conforme está em:

http://www.stf.jus.br/portal/peticaoInicial/verPeticaoInicial.asp?base=ADIN&s1=oab&processo=1127 (acesso em 10 de junho de 2009).

[7] Texto constante em: http://www.planalto.gov.br/ccivil_03/Leis/L8906.htm (acesso em 08 de junho de 2009).

Encerro esta Introdução com três ponderações:

1ª - releia-a, insisto e repito, porque nela coloquei uma série de informações que podem ser objeto de questões na Prova do Exame de Ordem, inclusive nos textos de rodapé;

2ª - a atuação do Advogado, como já dito, se faz a partir de sua inscrição na Ordem dos Advogados do Brasil, e por conseqüência, ele tem que se submeter ao disciplinamento corporativo;

3ª - as regras que disciplinam a vida profissional do Advogado se encontram basicamente;

a) no Estatuto da Advocacia e da OAB, nos termos estabelecidos pela já citada Lei nº 8.906/94;[8]

b) no Regulamento Geral do Estatuto da Advocacia e da OAB, baixado através de Resolução do Conselho Federal da Ordem dos Advogados do Brasil, publicado em 16 de novembro de 1994, data em que entrou vigor;[9]

c) no Código de Ética e Disciplina da OAB, aprovado e editado pelo Conselho Federal da Ordem dos Advogados

---

[8] Interessante lembrar que esta Lei responde, no que diz respeito à profissão do Advogado, à Constituição da República Federativa do Brasil/1988, em seu artigo 5º, inciso XIII, que dispõe: "*é livre o exercício de qualquer trabalho, ofício ou profissão, atendidas as qualificações profissionais que a Lei estabelecer*". Texto constante em http://www.senado.gov.br/sf/legislacao/const/ (acesso em 11 de junho de 2009).

[9] Páginas 31.210 a 31.220 do Diário da Justiça da União, Seção I, publicado em 16/11/94. Veja: http://www.oab.org.br/arquivos/pdf/LegislacaoOab/RegulamentoGeral.pdf (acesso em 11 de junho de 2009).

do Brasil, publicado em 01 de março de 1995, quando entrou em vigor;[10]

d) em resoluções da Diretoria do Conselho Federal da Ordem dos Advogados do Brasil e em provimentos baixados pelo Conselho Federal da Ordem dos Advogados do Brasil e Resoluções dos Conselhos Seccionais.[11]

Na seqüência vamos ver aspectos destacados dos três regramentos principais, estimulando os estudos para o Exame de Ordem: o Estatuto, o Regulamento Geral e o Código de Ética.

Antes, porém, **desejo às Leitoras e aos Leitores que exerçam na plenitude o seu TALENTO e alcancem o objetivo do SUCESSO no EXAME DE ORDEM!**

---

[10] Páginas 4.000 a 4.004 do Diário da Justiça da União, Seção I na data de 01/03/95. Vide: http://www.oab.org.br/arquivos/pdf/LegislacaoOab/codigodeetica.pdf (acesso em 11 de junho de 2009).

[11] Uma excelente abordagem evolutivo-histórica e analítica deste disciplinamento corporativo encontra-se na obra: RAMOS, Gisela Gondin. **Estatuto da Advocacia – comentários e jurisprudência selecionada**. 3 ed. Florianópolis: OAB/SC Editora, 2001.

PRIMEIRA PARTE: ASPECTOS DESTACADOS PARA OS ESTUDOS

PRIMEIRA PARTE: ASPECTOS DESTACADOS PARA OS ESTUDOS

1. O Estatuto da Advocacia e da OAB (Lei nº 8.906/94)[12]

Inicialmente registro que a denominação do documento legal em questão é perfeitamente coerente com o seu conteúdo, uma vez que as suas regras contemplam normativamente tanto a Advocacia (e, por via de conseqüência, o Advogado) quanto à entidade corporativa (a OAB).

Estruturalmente o Estatuto se compõe de quatro títulos, a saber:

I - Da Advocacia - (artigos 1º a 43), dividido em nove capítulos assim denominados: Da Atividade de Advocacia; Dos Direitos do Advogado; Da Inscrição; Da Sociedade de Advogados; Do Advogado Empregado; Dos Honorários Advocatícios; Das Incompatibilidades e Impedimentos; Da Ética do Advogado; Das Infrações e Sanções Disciplinares.

II - Da Ordem dos Advogados do Brasil - (artigos 44 a 67), dividido em seis capítulos assim denominados: Dos Fins e da Organização; Do Conselho Federal; Do Conselho Seccional; Da Subseção; Da Caixa de Assistência dos Advogados; Das Eleições e dos Mandatos.

---

[12] Este item foi escrito com base no texto constante em: http://www.planalto.gov.br/ccivil_03/Leis/L8906.htm

III - Do Processo na OAB - (68 a 77), dividido em três capítulos assim denominados: Disposições Gerais; Do Processo Disciplinar; Dos Recursos.

IV - Das Disposições Gerais e Transitórias – (artigos 78 a 87), contidas em capítulo único.

Quanto ao tipo de normas existentes no Estatuto, a visão estrutural básica fornecida acima já evidencia que há regras substantivas e regras processuais (estas últimas se encontram, fundamentalmente, no título III).

O conteúdo desta Lei será examinado em alguns aspectos selecionados, como faço na seqüência.

No título I (**Da Advocacia**), além da menção a diversos artigos que já fiz na Introdução do presente Livro, enfatizo aqui certas disposições por considerá-las merecedoras dos destaques.

Assim, no parágrafo 2º do artigo 1º é estabelecida a **obrigatoriedade da assistência de Advogado aos atos e contratos que constituam pessoas jurídicas**. Há duas conseqüências legais drásticas em caso de descumprimento da norma:

a) a nulidade do referido ato; e

b) a sua inadmissibilidade a registro.

Ainda no artigo 1º encontramos (parágrafo 3º) a proibição de que a Advocacia seja objeto de divulgação em concomitância com outra atividade.

Esta regra é, em minha opinião, uma norma que se destina a duas dimensões distintas:

A primeira, de ordem protetora da Advocacia como atividade profissional diferenciada e constitucionalmente privilegiada; e

A segunda, no plano da Ética, evitando que, pela oferta publicitária de serviços múltiplos, entre os quais os que não são da Advocacia:

a) as pessoas sejam induzidas a buscar assistência jurídica dentro de "pacotes" mercadológicos; e

b) os Advogados venham a descumprir, entre outros, um dos princípios norteadores do seu Código de Ética e Disciplina, qual seja, o de "exercer a advocacia com o indispensável senso profissional, mas também com desprendimento, jamais permitindo que o anseio de ganho material sobreleve a finalidade social do seu trabalho".

Prossigo destacando, agora, o artigo 4º e seu parágrafo único. Nele é declarada a nulidade:

a) de atos privativos de Advogados que tenham, sido praticados por pessoa que não esteja inscrita na OAB, "sem prejuízo das sanções civis, penais e administrativas";

b) de atos praticados por Advogado que esteja impedido (dentro da esfera do respectivo impedimento), ou suspenso, ou licenciado ou que passou a exercer atividade que seja considerada incompatível com a Advocacia.

Sobre tal regra, ressalto três aspectos:

1º - o legislador consagrou o caráter de nulidade dos atos ali tipificados; insisto que não se trata de anulabilidade submetida à interpretação decisiva de quem quer que seja; os atos são nulos peremptoriamente;

2º - há uma profunda coerência entre esta regra e o *caput* do artigo 3º da lei que confere caráter privativo ao exercício da atividade de Advocacia no território brasileiro e também diz que é privativa a denominação de Advogado aos inscritos na OAB; outrossim, existe coerência entre esta regra e os artigos 27 a 30 (que disciplinam as incompatibilidades e impedimentos);

3º - como disposto pela própria regra (ao final do *caput* do próprio artigo 4º), a condição de nulidade não elimina as (cabíveis) sanções civis, penais e administrativas a serem aplicadas ao infrator.

Quanto ao artigo 5º - contendo as normas básicas sobre **o mandato do Advogado e sua prova** -, julgo merecer ênfase o disposto em seu parágrafo 3º que diz;

> *"O advogado que renunciar ao mandato continuará, durante os dez dias seguintes à notificação da renúncia, a representar o mandante, salvo se for substituído antes do término desse prazo."*.

Vejamos, em seguida, os dispositivos que destaco no capítulo II ("**Dos Direitos do Advogado**"). O artigo 6º, com o qual se inicia este capítulo, diz:

> *"Não há hierarquia nem subordinação entre advogados, magistrados e membros do Ministério Público, devendo todos tratar-se com consideração e respeito recíprocos"*.

Numa análise objetiva, penso que devem ser ressaltados alguns pontos estratégicos:

1º - a ausência de hierarquia e de subordinação entre os principais elementos ativos do processo judicial é decorrente da igual relevância que existe entre os papéis que cada um deles exerce na prestação jurisdicional, relevância esta consagrada quer no texto constitucional quanto na legislação ordinária;

2º - contudo, e por evidente, tal ausência não diminuiu as funções específicas de cada um dos elementos, de tal forma que o Magistrado é o presidente do processo judicial, competindo-lhe dirigi-lo de acordo com as normas jurídicas, sentenciando ao seu final; aos Membros do Ministério Público está reservada a elevada missão de defender a Sociedade e, neste mister, têm condutas e práticas processuais a executar; e aos Advogados cabe, sob *munus* público e nos limites legais e éticos, a postulação de decisão favorável ao seu constituinte (como, aliás, dispõe o parágrafo 2º do artigo 2º do Estatuto);

3º - o tratamento recíproco de consideração e respeito implica, a meu juízo, não somente na obediência às basilares regras de boa educação e urbanidade, mas, sobretudo, numa prática comunicativa que se caracterize pela superação de qualquer eventual ânimo de belicosidade, afastando a falsa premissa de que, numa contenda judicial, estejam os profissionais em uma luta pessoal ou numa competição por *status* em uma luta por afirmação de autoridade;

4º - portanto, o clima que deve imperar durante o transcurso de uma lide judicial, entre os seus operadores (e entre estes e as partes, evidentemente), deve ser o de consideração, com ênfase para o respeito ao espaço institucional e legalmente reservado a cada profissional.

O parágrafo único do mesmo artigo 6º dispõe que ao Advogado, no exercício de sua profissão, deve ser dispensado "tratamento compatível com a dignidade da advocacia e condições adequadas a seu desempenho", por parte das autoridades, dos servidores públicos e dos serventuários da justiça.

Quanto ao artigo 7º, como já dito antes, ele dedica os seus dezenove incisos[13] ao rol de Direitos do Advogado, além dos sete[14] parágrafos que cuidam de aspectos complementares. Estes direitos vão desde o de "exercer, com liberdade, a profissão em todo o território nacional" (inciso I), passando por "examinar, em qualquer órgão dos Poderes Judiciário e Legislativo, ou da Administração Pública em geral, autos de processos findos ou em andamento, mesmo sem procuração, quando não estejam sujeitos a sigilo, assegurada a obtenção de cópias, podendo tomar apontamentos" (inciso XIII), e até "retirar-se do recinto onde se encontre aguardando pregão para ato judicial, após trinta minutos do horário designado e ao qual ainda não tenha comparecido a autoridade que deva presidir a ele, mediante comunicação protocolizada em juízo" (inciso XX).

---

[13] Repito: na realidade o artigo 7º possui 19 incisos vigentes de um total original de 20 (vinte), sendo que um dos então existentes foi suspenso pela ADIN 1.127-8. Importante registrar que o inciso II está vigente mas com nova redação que lhe foi conferida pela Lei nº 11.767/2008. Vide: http://www.planalto.gov.br/ccivil_03/Leis/L8906.htm (acesso em 08 de maio de 2009).

[14] Na realidade o artigo 7º possui 7 (sete) parágrafos vigentes de um total original de 9 (nove) sendo que dois foram vetados. Assim está em: http://www.planalto.gov.br/ccivil_03/Leis/L8906.htm (acesso em 08 de maio de 2009).

Os artigos 8º a 14 dedicam-se à inscrição na OAB e já tiveram os seus objetivos destacados em momento anterior no presente Livro.

Os artigos 15 a 17 ocupam-se da **Sociedade de Advogados** e sobre este tema gostaria de trazer algumas considerações, como segue.

Sob o ângulo exclusivamente legal, penso que a disciplina da matéria pode ser resumida nos seguintes pontos:

1º - os Advogados têm a possibilidade de se reunir numa sociedade de prestação de serviços de Advocacia, a qual adquire personalidade jurídica quando da aprovação do registro dos seus atos constituídos por parte do Conselho Seccional da OAB na base territorial onde tiver a sua sede; no caso de existirem filiais em outra base territorial, é necessária a averbação no registro da Sociedade e arquivamento junto ao Conselho Seccional onde se instalarem; portanto, enfatize-se: o local de registro da sociedade civil constituída por Advogados para a prestação de serviços de Advocacia é o conselho Seccional, e não o Cartório de Registro de Pessoas Jurídicas, e muito menos a Junta Comercial ou similar; e, sob a determinação do parágrafo 3º do artigo 16, "É proibido o registro, nos cartórios de registro civil de pessoas jurídicas e nas juntas comerciais, de sociedade que inclua, entre outras finalidades, a atividade de advocacia";

2º - naquilo que couber, as sociedades de Advogados estão submetidas ao Código de Ética e Disciplina;

3º - no que concerne às procurações, a sua outorga será nominal e individual aos Advogados, com a indicação da sociedade de que façam parte;

4º - é vedado;

a) a um mesmo Advogado participar de mais de uma sociedade de Advogados, "com sede ou filial na mesma área territorial do respectivo Conselho Seccional";

b) aos Advogados sócios de uma mesma sociedade profissional representarem, em juízo, clientes de interesses opostos;

5º - não serão admitidas a registro e não poderão funcionar as Sociedades de Advogados que:

a) denotarem "forma ou características mercantis";

b) adotarem nome de fantasia;

c) realizarem atividades estranhas aos serviços de Advocacia;

d) incluírem em seu quadro, sócio não inscrito na OAB ou que esteja "totalmente proibido de advogar";

6º - o nome de no mínimo um Advogado responsável pela sociedade deve compor a razão social permitida a manutenção do nome de sócio falecido, desde que o ato constitutivo da sociedade preveja tal possibilidade;

7º - em caso de licença de sócio para o exercício de atividade incompatível com a Advocacia, em caráter temporário, tal fato deverá ser averbado no registro da sociedade, sem conseqüências alteradoras de sua constituição;

8º - sem afastar as responsabilidades disciplinares pertinentes, cada Advogado sócio responde, além da sociedade, "subsidiária e ilimitadamente pelos danos causados aos clientes por ação ou omissão no exercício da advocacia".

Ainda no plano legal, uma peculiaridade deve merecer atenção: o exercício da Advocacia é privativo de Advogado (inscrito na OAB), por força do disposto no (já citado) *caput* do artigo 3º do Estatuto.

Portanto, as Sociedades de Advogados não exercem a Advocacia!

A função delas é de reunir Advogados na prestação de serviços de Advocacia.

Este, pois é um panorama juspositivado sobre o tema Sociedade de Advogados.

Prossigo, abordando agora, no Estatuto, o que se encontra nos artigos 18 a 21, em que estão as normas básicas pertinentes ao "**Advogado Empregado**", e que procuro resumir assim:

1º - a independência profissional e a isenção técnica inerentes à Advocacia não são retiradas pela relação de emprego;

2º - na relação de emprego o Advogado está desobrigado de prestar serviços profissionais de "interesse pessoal dos empregadores, fora da relação de emprego";

3°- "O salário mínimo profissional do advogado será fixado em sentença normativa, salvo se ajustado em acordo ou convenção coletiva de trabalho";

4º - a jornada de trabalho do Advogado empregado está sujeita às seguintes regras:

a) não poderá ultrapassar a duração diária de quatro horas contínuas e de vinte horas semanais, admitidas duas exceções: disposição diferente em acordo ou convenção coletiva de trabalho ou havendo dedicação exclusiva por parte do Advogado empregado;

b) o período de trabalho é definido legalmente como sendo "o tempo em que o advogado estiver à disposição do empregador, aguardando ou executando ordens, no seu escritório ou em atividades externas, sendo-lhe reembolsadas as despesas feitas com transporte, hospedagem e alimentação";

c) quando ocorrerem horas trabalhadas além da jornada normal, elas serão remuneradas através de adicional não inferior a 100% sobre o valor da hora normal, "mesmo havendo contrato escrito";

d) serão remuneradas na condição de horas noturnas, com o acréscimo do adicional de vinte e cinco por cento, as que forem trabalhadas entre às "vinte horas de um dia até às cinco horas do dia seguinte";

5º - os Advogados empregados têm Direito à percepção dos horários de sucumbência havidos em causas das quais for parte o empregador "ou pessoa por este representada";

6º - e, por último, destaco uma regra específica para o Advogado empregado de Sociedade de Advogados (não se trata, aqui, de sócio, evidentemente): no caso de honorários de sucumbência auferidos pelo Advogado empregado, ocorrerá a partilha entre ele e a sociedade empregadora, "na forma estabelecida em acordo".

Aliás, o tema "**Honorários Advocatícios**" é o objeto, na seqüência, dos artigos 22 a 26.

Pela leitura do artigo 22, percebe-se que há três tipos de honorários decorrentes da prestação de serviço profissional por parte de inscrito na OAB, ou seja, de Advogado:

1º - os honorários convencionados: sejam os estabelecidos nos contratos existentes entre os Advogados e os seus Clientes, sejam os estipulados em tabela especificamente organizada pelo Conselho Seccional da OAB, a serem pagos pelo Estado para o Advogado que for indicado para patrocinar "causa de juridicamente necessitado, no caso de impossibilidade da Defensoria Pública no local da prestação do serviço";

2º - os honorários fixados por arbitragem judicial: o que ocorrerá quando não houver estipulação ou acordo entre o Advogado e seu cliente, estando o arbitramento judicial obrigado a fixar uma "remuneração compatível com o trabalho e o valor econômico da questão", obedecido o limite mínimo existente na tabela organizada pelo respectivo Conselho Seccional da OAB;

3º - os honorários de sucumbência: são aqueles estabelecidos pelo julgador, na sentença.

Entre as demais regras que se encontram no Estatuto sobre este assunto permito-me destacar seis que considero peculiares, a saber:

1º - em caso de acordo, os honorários – tanto os conveniados como os decorrentes de sentença - não poderão ser prejudicados, a não ser que o Advogado expressamente concorde com a redução ou dispensa.

2º - o prazo prescricional para a ação de cobrança de honorários é de cinco anos, com o prazo sendo contado:

a) quando houver contrato, a partir do seu vencimento;

b) a partir do transito em julgado da decisão que os fixar;

c) "da ultimação do serviço extrajudicial", isto é, em

linguagem simples, assim que estiver encerrada a tarefa de tipo jurídico executada por Advogado fora da órbita do judiciário;

d) "da desistência ou transação";

e) "da renúncia ou revogação do mandato".

3º - nos casos em que ocorrer substabelecimento com reserva de poderes, a cobrança dos honorários depende da participação efetiva do Advogado que conferiu o substabelecimento;

4º - "Salvo estipulação em contrário, um terço dos honorários é devido no início do serviço, outro terço até a decisão de primeira instância e o restante no final" (parágrafo 3º do artigo 22);

5º- "Se o advogado fizer juntar aos autos o seu contrato de honorários antes de expedir-se o mandado de levantamento ou precatório, o juiz deve determinar que lhe sejam pagos diretamente, por dedução da quantia a ser recebida pelo constituinte, salvo se este provar que já os pagou." (parágrafo 4º do artigo 22);

6º- "O acordo feito pelo cliente do advogado e a parte contrária, salvo aquiescência do profissional, não lhe prejudica os honorários, quer os convencionados, quer os concedidos por sentença." (parágrafo 4º do artigo 24).

O capítulo seguinte do Estatuto, que ocupa os artigos 27 a 30, cuida das **incompatibilidades** e **impedimentos**.

A **incompatibilidade** "determina a proibição total" do exercício da Advocacia e, mesmo em causa própria, ocorre pelo exercício de um rol de atividades (incisos I a VIII do artigo 28), atingindo:

- a chefia do Poder Executivo, os membros da Mesa do

Poder Legislativo e seus substitutos legais;

- os membros de órgãos do Poder Judiciário, do Ministério Público, de juizados especializados (inclusive os juízes classistas) e aqueles que exerçam funções de julgamento nos órgãos de deliberação coletiva na Administração Pública, seja a direta, seja a indireta; os que ocupam cargos ou funções que tenham vinculação direta ou indireta com qualquer órgão do Poder Judiciário, bem como os que exercem serviços notariais e de registro, idem com relação à atividade policial, e os militares, na ativa, de qualquer natureza; registre-se que o Supremo Tribunal Federal excluiu (Adin nº 1.127.8) da incompatibilidade os juízes suplentes não remunerados e os membros da Justiça Eleitoral;

- os que exerçam funções ou cargos de direção nos órgãos da Administração Pública direta, indireta, fundacional, em empresas controladas pelo Poder Público e nas concessionárias de serviço público;

- os ocupantes de funções ou cargos com competência para lançamento, arrecadação ou fiscalização de tributos e contribuições parafiscais, e também os que ocupem funções de direção e gerência em instituições financeiras, inclusive as privadas.

O parágrafo 1º do artigo 28 determina a permanência da incompatibilidade mesmo que o tipificado deixe de exercer temporariamente o cargo ou função.

No que concerne aos cargos ou funções de direção em órgãos da Administração Pública direta, indireta, fundacional, empresas sob controle público ou concessionárias, a Lei não incluiu aqueles que "não detenham poder de decisão relevante sobre interesses de terceiro, a juízo do conselho competente da OAB, bem como a administração acadêmica diretamente relacionada ao magistério jurídico" (parágrafo 2º do artigo 28).

O **impedimento**, por sua vez, determina a "proibição parcial do exercício da advocacia", e o artigo 30 (incisos I e II e parágrafo único) o tipifica em dois casos:

1º - o dos servidores da administração direta, indireta ou fundacional que estão impedidos de advogar contra a fazenda pública que os remunere ou à qual esteja vinculada a instituição empregadora, com exceção (portanto, não estão impedidos) para os docentes dos cursos jurídicos;

2º - o dos membros do Poder Legislativo, "em seus diferentes níveis, contra ou a favor das pessoas jurídicas de direito público, empresas públicas, sociedades de economia mista, fundações públicas, entidades paraestatais ou empresas concessionárias ou permissionárias de serviço público".

É preciso alertar o Leitor que, no que concerne às situações de incompatibilidade (proibição total do exercício da Advocacia) e aos casos de impedimento (proibição parcial), o assunto merece ser encarado com toda a seriedade por, pelo menos, três motivos:

a) o de ordem disciplinar, por força, por exemplo, do disposto no inciso I do artigo 34 da Lei, conforme o qual constitui infração disciplinar:

> *"exercer a profissão, quando impedido de fazê-lo, ou facilitar, por qualquer meio, o seu exercício aos não inscritos, proibidos ou impedidos";*

b) o de ordem ética, eis que se ferir as normas quanto à incompatibilidade e ao impedimento, o profissional estará agredindo o Código de Ética como um todo e, infelizmente contribuindo para depreciar a profissão junto a clientes e a terceiros;

c) o de ordem processual, pelas conseqüências danosas que a sua conduta trará ao bom andamento do feito e para as partes.[15]

Enfim, o Bacharel em Direito que resolver optar pela Advocacia deve ter com clareza a noção dos diversos cargos e funções dos quais deverá abrir mão para se manter em condição de compatibilidade para o exercício profissional.

E, encontrando-se numa destas situações, deve promover imediatamente a suspensão de suas atividades concomitante à comunicação formal à OAB.

Nos casos de impedimento, por sua vez, deve zelosamente atuar nos limites desenhados pelo artigo 30, seus incisos e parágrafo único.

Na seqüência, nos artigos 31 a 33, o Estatuto trata da **Ética do Advogado**. Este tema importantíssimo será objeto de um tópico exclusivo, mais adiante, quando apresentarei o Código de Ética e Disciplina da OAB. Peço, pois, a paciência do leitor.

O título I do Estatuto se encerra com o capítulo dedicado às **infrações e sanções disciplinares**, sendo que, do conteúdo do artigo 34, que apresenta o rol das infrações

---

[15] Que, mesmo com as reparações legais previstas, ainda assim terão transtornos e incômodos, provavelmente.

disciplinares em seus vinte e nove incisos e um parágrafo, selecionei – segundo a minha percepção pessoal – a definição de algumas infrações que considero especialmente exemplificativas do zelo do legislador na caracterização dos limites disciplinares da atuação do Advogado, o que vale dizer, dos deveres deste profissional.

Assim o faço com a transcrição literal de 13 exemplos, indicando parenteticamente o número do inciso ou a especificação do parágrafo respectivo do artigo 34;

a) valer-se de agenciador de causas, mediante participação nos honorários a receber (III);

b) angariar ou captar causas, com ou sem a intervenção de terceiros (IV);

c) violar, sem justa causa, sigilo profissional (VII);

d) estabelecer entendimento com a parte adversa sem autorização do cliente ou ciência do Advogado contrário (VIII);

e) fazer publicar na imprensa, desnecessária e habitualmente, alegações forenses ou relativas a causas pendentes (XIII);

f) solicitar ou receber de constituinte qualquer importância para aplicação ilícita ou desonesta (XVIII);

g) recusar-se, injustificadamente, a prestar contas ao cliente de quantias recebidas dele ou de terceiros por conta dele (XXI);

h) reter abusivamente, ou extraviar autos recebidos com vista ou em confiança (XXII);

i) incidir em erros reiterados que evidenciem inépcia profissional (XXIV);

j) fazer falsa prova de qualquer dos requisitos para inscrição na OAB (XXVI);

k) pratica reiterada de jogo de azar, não autorizado por lei (alínea *a* do parágrafo único);

l) incontinência pública e escandalosa (alínea *b* do parágrafo único);

m) embriaguez ou toxicomania habituais (alínea *c* do parágrafo único).

Antes de seguir adiante no Estatuto para tratar do seu Título II, julgo interessante fazer um destaque especial a respeito da **atuação do Estagiário Inscrito na OAB**. Quanto a este tema permito-me apresentar aqui algumas observações, por serem oportunas, e para tanto retorno ao parágrafo 2º do artigo 3º da Lei 8.906/94, o qual dispõe que *"O estagiário de advocacia, regularmente inscrito, pode praticar os atos previstos no artigo 1º, na forma do regimento geral, em conjunto com advogado e sob responsabilidade deste".*[16]

O artigo 1º que é referido diz que:

> *"São atividades privativas de advocacia:*
>
> *I – a população a órgão do Poder Judiciário e aos juizados especiais;*
>
> *II – as atividades de consultoria, assessoria e direção jurídicas."*

[16] Veja: http://www.planalto.gov.br/ccivil_03/Leis/L8906.htm (acesso em 11 de junho de 2009).

Abro um parêntesis para completar este assunto, dizendo que o Regulamento Geral inconvenientemente denominado "*regimento geral*" no texto da Lei, trata da questão no artigo 29 e seus dois parágrafos. Ali, estabelece que "*Os atos de advocacia, previstos no Art. 1º do Estatuto, podem ser subscritos por estagiário inscrito na OAB, em conjunto com o advogado ou o defensor público*"[17]. O parágrafo 1º relaciona três espécies de atividades que o estagiário inscrito na OAB pode praticar "isoladamente" e "sob a responsabilidade do advogado", a saber:

I – retirar e devolver autos em cartório, com a assinatura da carga respectiva;

II – obter certidões de peças ou autos de processos, em curso ou findos, junto aos escrivães e chefes de secretaria; e

III – assinar petições de juntada de documentos a processos judiciais ou administrativos.

No parágrafo 2º do artigo 29 do Regulamento Geral do Estatuto da Advocacia e da OAB, encontra-se a faculdade de o estagiário inscrito na OAB, nos casos de exercício de atos extrajudiciais, comparecer isoladamente, desde que tenha autorização ou substabelecimento de Advogado.

Isto exposto, retorno ao Estatuto e passo, agora, a uma abordagem panorâmica do seu Titulo II, o qual trata "**Da Ordem dos Advogados do Brasil**".

---

[17] Conforme: http://www.oab.org.br/arquivos/pdf/LegislacaoOab/RegulamentoGeral.pdf (acesso em 11 de junho de 2009).

Como a própria denominação está a indicar, nos artigos 44 a 67 encontram-se as **regras e diretrizes de estruturação organizacional da corporação oficial que congrega os Advogados**, e disciplina o seu exercício profissional. Alguns pontos são, a meu juízo, merecedores de destaque.

O primeiro deles é a **natureza jurídica** que é conferida à Ordem dos Advogados do Brasil: ela é definida como um serviço público, sendo dotada de personalidade jurídica e com forma federativa. Não pretendo entrar em discussão se tais denotativos implicam em que a OAB seja ou não uma autarquia especial porque este aspecto foge aos propósitos deste estudo.

O que me parece interessante ressaltar é a reconhecida forma federativa, o que significa que a sua divisão jurídico-territorial em Seccionais tem como conseqüência a autonomia típica de entes componentes de qualquer sistema federativo corretamente posto em prática.

E tanto assim o é que o parágrafo 2º do artigo 45 determina que "*Os Conselhos Seccionais, dotados de personalidade jurídica própria, têm jurisdição sobre os respectivos territórios dos Estados-membros, do Distrito Federal e dos Territórios*".

O Estatuto estabelece duas grandes dimensões de **finalidades** da Ordem dos Advogados do Brasil:

A primeira diz respeito à sua inserção na vida da Sociedade, e neste sentido a OAB deve: "*defender a Constituição, a ordem jurídica do Estado democrático de direito, os direitos humanos, a justiça social, e pugnar pela boa aplicação das leis, pela rápida administração da jus-*

tiça e pelo aperfeiçoamento da cultura e das instituições jurídicas". (artigo 44, inciso I).

A segunda repercute no exercício profissional dos seus membros integrantes e, quanto a tal aspecto, incumbe-lhe: "*promover, com exclusividade, a representação, a defesa, a seleção e a disciplina dos advogados em toda a República Federativa do Brasil*". (artigo 44, inciso II).

Por outro lado, a OAB é uma **entidade** absolutamente **independente**, nos explícitos termos do parágrafo 1° do artigo 44: "*A OAB não mantém com órgãos da Administração Pública qualquer vínculo funcional ou hierárquico*".

São considerados como **órgãos da OAB**: o Conselho Federal, os Conselhos Seccionais, as Subseções, e as Caixas da Assistência dos Advogados.

Estas últimas são dotadas de personalidade jurídica própria, e a competência para criá-las é dos Conselhos Seccionais, "quando estes contarem com mais de mil e quinhentos inscritos". (parágrafo 4º, artigo 45).

Os Conselhos Seccionais são dotados de personalidade jurídica própria, têm jurisdição sobre os respectivos territórios dos Estados-membros, do Distrito Federal e dos Territórios. (parágrafo 2º do artigo 45).

As Subseções, por sua feita, detêm a condição de "partes autônomas do Conselho Seccional, na forma desta lei e de seu ato constitutivo". (parágrafo 3º do artigo 45).

O Estatuto confere à OAB o gozo de **imunidade tributária total** no que concerne aos seus bens, rendas e serviços (parágrafo 5° do artigo 45).

A OAB tem competência para fixar e cobrar dos seus

inscritos as contribuições, preços de serviços e multas (artigo 46, *caput*) que julgar necessários e, no que diz respeito especificamente ao pagamento da contribuição anual, a sua quitação implica em isenção do pagamento obrigatório da contribuição sindical por parte do respectivo Advogado inscrito em seus quadros (artigo 47).

São arroladas (no artigo 54) dezoito competências conferidas ao **Conselho Federal**, dentre as quais destaco as seguintes:

1ª – a representação, em juízo ou fora dele, dos interesses coletivos ou individuais dos Advogados (conforme inciso -II);

2ª - "velar pela dignidade, independência, prerrogativas e valorização da advocacia" (conforme inciso III);

3ª – o ajuizamento (conforme inciso XIV) de:

a) "ação direta de inconstitucionalidade de normas legais e atos normativos";

b) "ação civil pública";

c) "mandado de segurança coletivo";

d) "mandado de injunção";

e) "e demais ações cuja legitimação lhe seja outorgada por lei".

4ª – a colaboração com o aperfeiçoamento dos cursos jurídicos "e opinar, previamente, nos pedidos apresentados aos órgãos competentes para criação, reconhecimento ou credenciamento desses cursos" (inciso XV);

5ª – a participação em concursos públicos, "nos casos previstos na Constituição e na lei, em todas as suas fases, quando tiverem abrangência nacional ou interestadual" (inciso XVII).

Quanto ao dispositivo que destaquei como o primeiro, acima, devo registrar que a sua redação estimula o (discutível) entendimento de uma combinação do que se encontra no inciso III do artigo 8° da Constituição Federal[18] com o dispositivo no inciso XXI do artigo 5° da mesma Carta.[19] A questão merece reflexões, e leva à seguinte indagação: que papel fica reservado aos Sindicatos de Advogados?

A resposta oficial a tal pergunta encontra-se no artigo 45 do Regulamento Geral do Estatuto da Advocacia e da OAB, nos seguintes termos: - *"A exclusividade da representação dos advogados pela OAB, prevista no art. 44, II, do Estatuto, não afasta a competência própria dos sindicatos e associações sindicais de advogados, quanto à defesa dos direitos peculiares da relação de trabalho do profissional empregado."*.[20]

---

[18] O seu teor é: *"III - ao sindicato cabe a defesa dos direitos e interesses coletivos ou individuais da categoria, inclusive em questões judiciais ou administrativas;"*. Conforme texto em http://www.senado.gov.br/sf/legislacao/const/ (acesso em 11 de junho de 2009).

[19] O seu teor é: "XXI – *as entidades associativas, quando expressamente autorizadas, têm legitimidade para representar seus filiados judicial ou extrajudicialmente;*". Conforme texto em http://www.senado.gov.br/sf/legislacao/const/ (acesso em 11 de junho de 2009).

[20] Assim está em: http://www.oab.org.br/arquivos/pdf/LegislacaoOab/RegulamentoGeral.pdf (acesso em 11 de junho de 2009).

Passo a estudar os **Conselhos Seccionais** e registro que eles receberam dezesseis competências privativas (artigo 58 e seus 16 incisos).

Destas, destaco oito em seguida, assim:

1ª – "criar as Subseções e a Caixa de Assistência dos Advogados" (inciso II);

2ª - "fiscalizar a aplicação da receita, apreciar o relatório anual e deliberar sobre o balanço e as contas de sua diretoria, das diretorias das Subseções e da Caixa de Assistência dos Advogados" (inciso IV);

3ª - "fixar a tabela de honorários, válida para todo o território estadual" (inciso V);

4ª - "realizar o Exame de Ordem" (inciso VI);

5ª - "participar da elaboração dos concursos públicos, em todas as suas fases, nos casos previstos na Constituição e nas leis, no âmbito do seu território" (inciso X);

6ª - "determinar, com exclusividade, critérios para o traje dos advogados, no exercício profissional" (inciso XI);

7ª - "definir a composição e o funcionamento do Tribunal de Ética e Disciplina, e escolher seus membros" (inciso XIII);

8ª - "intervir nas Subseções e na Caixa de Assistência dos Advogados" (inciso XV).

Esta lista já é suficiente para evidenciar a força institucional que o estatuto conferiu aos Conselhos Seccionais.

As **Subseções** também foram devidamente prestigiadas pelo Estatuto que, em seu artigo 61, estabelece as seguintes competências a serem exercidas dentro do âmbito do seu território:

"I - dar cumprimento efetivo às finalidades da OAB;

II - velar pela dignidade, independência e valorização da advocacia, e fazer valer as prerrogativas do advogado;

III - representar a OAB perante os poderes constituídos;

IV - desempenhar as atribuições previstas no regulamento geral ou por delegação de competência do Conselho Seccional."

O quarto órgão da OAB, como já dito, é a **Caixa de Assistência dos Advogados**, que tem a sua disciplina basilar estabelecida no artigo 62 do Estatuto. Dele, destaco:

1º - a condição de a Caixa ter personalidade jurídica própria, criada por Conselho Seccional e com a finalidade precípua de "prestar assistência aos inscritos no Conselho Seccional a que se vincule" (*caput* e parágrafo 1º);

2º - a possibilidade de a Caixa promover "em benefícios dos advogados" a "seguridade complementar" (parágrafo 2º).

Enfatizo que o efetivo apoio legal à sua existência e a preocupação concreta com a sua manutenção se revela de forma contundente no dispositivo constante no parágrafo 5º do artigo 62:

"Cabe a Caixa a metade da receita das anuidades recebidas pelo Conselho Seccional, considerado o valor resultante após as deduções regulamentares obrigatórias".

Do artigo 63 ao 67, o Estatuto se dedica ao tema **Das eleições e dos Mandatos** e, quanto a esta matéria, opto pela transcrição literal do artigo 67, destacando modificações havidas a partir de 2005, nestes termos:

> *"Art. 67. A eleição da Diretoria do Conselho Federal, que tomará posse no dia 1º de fevereiro, obedecerá às seguintes regras:*
>
> *I - será admitido registro, junto ao Conselho Federal, de candidatura à presidência, desde seis meses até um mês antes da eleição;*
>
> *II - o requerimento de registro deverá vir acompanhado do apoiamento de, no mínimo, seis Conselhos Seccionais;*
>
> *III - até um mês antes das eleições, deverá ser requerido o registro da chapa completa, sob pena de cancelamento da candidatura respectiva;*
>
> *IV – no dia 31 de janeiro do ano seguinte ao da eleição, o Conselho Federal elegerá, em reunião presidida pelo conselheiro mais antigo, por voto secreto e para mandato de 3 (três) anos, sua diretoria, que tomará posse no dia seguinte; (Redação dada pela Lei nº 11.179, de 2005)*
>
> *V – será considerada eleita a chapa que obtiver maioria simples dos votos dos Conselheiros Federais, presente a metade mais 1 (um) de seus membros. (Redação dada pela Lei nº 11.179, de 2005)*

Parágrafo único. Com exceção do candidato a Presidente, os demais integrantes da chapa deverão ser conselheiros federais eleitos."[21]

Vamos estudar agora o Titulo III que se dedica ao **Processo na OAB** (artigo 68 a 77), ocupando-se, inicialmente, de disposições gerais, e estabelecendo em síntese:

1º - a aplicação subsidiária ("salvo disposição em contrário") das regras processuais penais comuns ao processo disciplinar, e das regras gerais "do procedimento administrativo comum e da legislação processual civil, nesta ordem", aos demais processos (artigo 68);

2º - todos os prazos são de quinze dias, seja para a manifestação de Advogados, de Estagiários ou de terceiros, a contar "do dia útil imediato ao da notificação do recebimento" se por oficio reservado ou notificação pessoal, e "no primeiro dia útil seguinte" ao da publicação, quando o veículo for a imprensa oficial (artigo 69 e seus dois parágrafos);

3º - que o poder "de punir disciplinarmente os inscritos na OAB compete exclusivamente ao Conselho Seccional em cuja base territorial tenha ocorrido a infração, salvo se a falta for cometida perante o Conselho Federal" e que "cabe ao Tribunal de Ética e Disciplina, do Conselho Seccional competente, julgar os processos disciplinares, instruídos pelas Subseções ou por relatores do próprio Conselho" (artigo 70 e seu parágrafo 1º);

---

[21] Conforme texto constante em http://www.planalto.gov.br/ccivil_03/Leis/L8906.htm (acesso em 11 de junho de 2009).

4º - que não há exclusão da jurisdição comum em virtude da instalação na jurisdição disciplinar, com a obrigatoriedade de comunicação às autoridades competentes quando o fato se constituir em contravenção ou crime (artigo 71);

5º - e que cabe "recurso ao Conselho Federal de todas as decisões definitivas proferidas pelo Conselho Seccional, quando não tenham sido unânimes ou, sendo unânimes, contrariem esta lei, decisão do Conselho Federal ou de outro Conselho Seccional e, ainda, o regulamento geral, o Código de Ética e Disciplina e os Provimentos." (artigo 75).

O Estatuto se encerra com o titulo IV, estabelecendo nos artigos 78 a 87 as Disposições Gerais e Transitórias, tais como, por exemplo, a aplicação do regime trabalhista aos servidores da OAB, com Direito de opção aos servidores que se encontravam ainda sob o regime da lei nº 8.112, de 11 de dezembro de 1990 (artigo 79 e seus parágrafos).

Uma das disposições gerais que chama a atenção é a regra constante do artigo 80, conforme a qual:

> *"Os Conselhos Federal e Seccionais devem promover trienalmente as respectivas Conferências, em data não coincidente com o ano eleitoral, e, periodicamente, reunião do colégio de presidentes a eles vinculados, com finalidade consultiva".*

De outra parte, conforme o artigo 85, é reconhecida a qualificação do Instituto dos Advogados Brasileiros e das instituições a ele filiadas para que possam "promover perante a OAB o que julgarem do interesse dos advogados em geral ou de qualquer dos seus membros".

Finalmente, no artigo 86 está determinada a entrada em vigência na data de sua publicação (que ocorreu, repito, em 05 de julho de 1994), e no artigo 87, valendo-se da técnica legislativa mais correta, além da revogação em caráter genérico das disposições que lhe são contrárias, o texto arrola as revogações específicas, as quais abrangem os seguintes atos normativos:

> *"Revogam-se as disposições em contrário, especialmente a Lei nº 4.215, de 27 de abril de 1963, a Lei nº 5.390, de 23 de fevereiro de 1968, o Decreto-Lei nº 505, de 18 de março de 1969, a Lei nº 5.681, de 20 de julho de 1971, a Lei nº 5.842, de 6 de dezembro de 1972, a Lei nº 5.960, de 10 de dezembro de 1973, a Lei nº 6.743, de 5 de dezembro de 1979, a Lei nº 6.884, de 9 de dezembro de 1980, a Lei nº 6.994, de 26 de maio de 1982, mantidos os efeitos da Lei nº 7.346, de 22 de julho de 1985."*

Atenção, veja-se acima que foram mantidos os efeitos da Lei nº 7. 346, de 22 de julho de 1985.[22]

---

[22] Esta Lei, em seu artigo 1º, veda novas inscrições no Quadro de Provisionados da OAB, com uma única exceção: a transferência de sede de atividade profissional.

E, vamos ao próximo item, no qual estudaremos objetivamente o Regulamento Geral.

2. O Regulamento Geral do Estatuto da Advocacia e da OAB[23]

A partir das atribuições que lhe foram conferidas pelos artigos 54, V, e 78 da Lei nº 8.906/94, que acabei de resumir e analisar objetivamente, o Conselho Federal da Ordem dos Advogados do Brasil baixou o Regulamento Geral do Estatuto da Advocacia e da OAB, o qual entrou em vigor na data de sua publicação no Diário da justiça da União, em 16 de novembro de 1994.

Pela sua própria natureza, este documento normativo constitui-se de regras que detalham as normas legais constantes no Estatuto.

Por isto, fornecerei um panorama bastante sucinto sobre ele, na forma como segue.

Estruturalmente, o Regulamento compõe-se assim:

- Titulo I - **Da Advocacia** – (artigos 1º a 43), contendo seis capítulos que cuidam do temas: Da Atividade de Advocacia; Dos Direitos e Das Prerrogativas; Da Inscrição na OAB; Do Estágio Profissional; Da Identidade Profissional; e Das Sociedades de Advogados;

- Titulo II – **Da Ordem dos Advogados do Brasil (OAB)** – (artigos 44 a 150), nos quais são regulamentados os

---

[23] Este item foi composto com base no texto existente em: http://www.oab.org.br/arquivos/pdf/LegislacaoOab/RegulamentoGeral.pdf (acesso em 11 de junho de 2009).

seguintes assuntos: Dos Fins e Da Organização; Da Receita; Do Conselho Federal; Do Conselho Seccional; Das Subseções; Das Caixas de Assistência dos Advogados; Das Eleições; Das Notificações e Dos Recursos; e Das Conferências e Dos Colégios de Presidentes;

- Titulo III - **Das Disposições Gerais e Transitórias** (artigos 151 a 158).

O estilo redacional do Regulamento é técnico, sem se tornar demasiado hermético.

No que concerne ao conteúdo, alguns dos pontos que considero como mais estratégicos ao disciplinamento organizacional (quanto à OAB) e geral (quanto aos Advogados e à Advocacia) foram apresentados na síntese do Estatuto retro, neste Livro.

Contudo, a seguir trago para estudos mais **17** aspectos que selecionei especialmente para o presente item, motivando o meu Leitor para que, após a leitura do presente Livro, e antes de fazer o Teste nele contido, leia com atenção todo o Regulamento Geral acessando-o na Internet conforme indicado na nota de rodapé.

Assim, num estudo do Regulamento Geral devemos atentar para, no mínimo, as seguintes disposições:

1º - no caso das eleições para a composição dos Conselhos Seccionais e suas diretorias, das diretorias das respectivas Caixas de Assistência dos Advogados e das Delegações ao Conselho Federal, é obrigatório o voto para todos os Advogados inscritos na OAB e, nos termos do *caput* do artigo 134 do Regulamento, "sob pena de multa equivalente a 20% (vinte por cento) do valor da anuidade, salvo ausência justificada por escrito, a ser apreciada pela Diretoria do Conselho Seccional.";

2º - o artigo 152 e seu parágrafo único dispõem sobre a Medalha Rui Barbosa, considerada como a "*comenda máxima conferida pelo Conselho Federal às grandes personalidades da advocacia brasileira*", e tal honraria só pode ser concedida uma vez a cada prazo de mandato do Conselho Federal (três anos, conforme o artigo 65 do Estatuto), com a entrega ao homenageado durante sessão solene;

3º - a regra constante no artigo 151 do Regulamento, segundo a qual nenhum órgão da OAB pode se manifestar a respeito de questões "*de natureza pessoal, exceto em caso de homenagem a quem tenha prestado relevantes serviços à sociedade e à advocacia*";

4º - o *caput* do artigo 2º diz em sua nova redação[24]: "*O visto do advogado em atos constitutivos de pessoas jurídicas, indispensável ao registro e arquivamento nos órgãos competentes, deve resultar da efetiva constatação, pelo profissional que os examinar, de que os respectivos instrumentos preenchem as exigências legais pertinentes. (NR)*"; e no seu parágrafo único encontramos os casos de impedimentos para o exercício do ato previsto no *caput*, que são: "*os advogados que prestem serviços a órgãos ou entidades da Administração Pública direta ou indireta, da unidade federativa a que se vincule a Junta Comercial, ou a quaisquer repartições administrativas competentes para o mencionado registro*";

[24] Conforme DJ de 12/12/2000, p.574, S.1, assim referido na nota de rodapé nº 1 em http://www.oab.org.br/arquivos/pdf/LegislacaoOab/RegulamentoGeral.pdf (acesso em 15 de junho de 2009).

5º - o *caput* do artigo 5º apresenta a definição de "efetivo exercício da advocacia" nos seguintes termos: "*Considera-se efetivo exercício da atividade de advocacia a participação anual mínima em cinco atos privativos previstos no artigo 1º do Estatuto, em causas ou questões distintas.*"; coerentemente, o artigo 26, em seu *caput*, diz: "O advogado fica dispensado de comunicar o exercício eventual da profissão, até o total de cinco causas por ano, acima do qual obriga-se à inscrição suplementar.";

6º - é privativa de Advogado a função de diretoria e gerência jurídicas em qualquer empresa pública, privada ou paraestatal, inclusive em instituições financeiras, não podendo ser exercida por quem não se encontre inscrito regularmente na OAB (artigo 7º);

7º - são as Subseções, ou na sua ausência, o Conselho Seccional, os órgãos competentes para promover a indicação dos representantes dos advogados nos juizados especiais (conforme parágrafo 2º do artigo 8º);

8º - o artigo 30 define o "estágio profissional de advocacia" como aquele que é integralmente realizado "fora da instituição de ensino, compreende as atividades fixadas em convênio entre o escritório de advocacia ou entidade que receba o estagiário e a OAB.";

9º - conforme o caput do artigo 52 "A *OAB participa dos concursos públicos, previstos na Constituição e nas leis, em todas as suas fases, por meio de representante do Conselho competente, designado pelo Presidente, incumbindo-lhe apresentar relatório sucinto de suas atividades*"; no parágrafo único do mesmo artigo encontra-se a determinação de que o representante da OAB deve velar tanto pela garantia da isonomia quanto pela integridade do certame, retirando-se do Concurso quando constatar irregularidades ou favorecimentos e devendo comunicar os motivos de sua retirada ao Conselho respectivo;

10º - no artigo 60, *caput*, encontra-se dispositivo de conteúdo administrativo orçamentário, conforme o qual os Conselhos Seccionais devem aprovar os seus orçamentos anuais, para o exercício seguinte, até o mês de outubro; já o Conselho Federal deve fazê-lo até a última sessão do ano; ademais, a norma permite a alteração dos mesmos no curso do exercício, desde que em justificada necessidade, aprovada devidamente pelos respectivos colegiados;

11º - destaco, aqui, uma regra muito importante do ponto de vista da política corporativa, dispondo que o Conselheiro Federal atua no interesse da advocacia nacional e não somente no interesse de seus representados diretos (conforme artigo 65, *caput*);

12º - há obrigatoriedade da divulgação, na forma de ementário e com periodicidade, da "seleção" decisões oriundas dos órgãos deliberativos do Conselho Federal, conforme se verifica no disposto no artigo 69 do Regulamento Geral;

13º - "*A OAB pode participar e colaborar em eventos internacionais, de interesse da advocacia, mas somente se associa a organismos internacionais que congreguem entidades congêneres*", diz o *caput* do artigo 80; em seu parágrafo único, este mesmo artigo dispõe: "*Os Conselhos Seccionais podem representar a OAB em geral ou os advogados brasileiros em eventos internacionais ou no exterior, quando autorizados pelo Presidente Nacional.*"

14º - quanto as indicações de ajuizamentos de ações diretas de inconstitucionalidade, conforme o artigo 82, elas devem ser submetidas ao juízo prévio de admissibilidade da Diretoria que aferirá a relevância da defesa dos princípios e normas constitucionais; se forem admitidas, devem seguir o procedimento estabelecido nos incisos I a III do mesmo artigo, nos seguintes termos: "*I – o relator, designado pelo Presidente, independentemente da decisão da Diretoria, pode levantar preliminar de inadmissibilidade perante o Conselho Pleno, quando não encontrar norma ou princípio constitucional violados pelo ato normativo; II – aprovado o ajuizamento da ação, esta será proposta pelo Presidente do Conselho Federal; (NR)*[25]*; III – cabe à assessoria do Conselho acompanhar o andamento da ação.*"; a disciplina desta relevante matéria prossegue nos dois parágrafos do mesmo artigo 82, assim: "*§ 1º Em caso de urgência que não possa aguardar a sessão ordinária do Conselho Pleno, ou durante o recesso do Conselho Federal, a Diretoria decide quanto ao mérito, ad referendum daquele; § 2º Quando a indicação for subscrita por Conselho Seccional da OAB, por entidade de caráter nacional ou por delegação do Conselho Federal, a matéria não se sujeita ao juízo de admissibilidade da Diretoria.*"

---

[25] A respeito desta Nova Redação do inciso II, há no texto oficial uma nota de rodapé de número 47, nestes termos: "[47] Ver Sessões plenárias dos dias 16 de outubro, 06 e 07 de novembro de 2000 (DJ, 12.12.00, p. 574, S.1)". Vide: http://www.oab.org.br/arquivos/pdf/LegislacaoOab/RegulamentoGeral.pdf (acesso em 16 de junho de 2009).

15º - a decisão do Órgão Especial do Conselho Pleno "constitui orientação dominante da OAB sobre a matéria, quando consolidada em súmula publicada na imprensa oficial", conforme o disposto no artigo 86 do Regulamento;

16º - nos termos do artigo 134, é obrigatório o voto "*para todos os advogados inscritos da OAB, sob pena de multa equivalente a 20% (vinte por cento) do valor da anuidade, salvo ausência justificada por escrito, a ser apreciada pela Diretoria do Conselho Seccional*";

17º - quanto à Conferência Nacional dos Advogados e temas correlatos, destaco o seguinte[26]:

> a) a Conferência Nacional dos Advogados é órgão consultivo máximo do Conselho Federal;
>
> b) reune-se trienalmente, no segundo ano do mandato;
>
> c) tem como objetivos o estudo e o debate das questões e problemas que digam respeito às finalidades da OAB, bem como ao congraçamento dos Advogados;
>
> d) as Conferências dos Advogados dos Estados e do Distrito Federal são órgãos consultivos dos Conselhos Seccionais, e reunem-se também trienalmente, e igualmente no segundo ano do mandato;

---

[26] Selecionei estas regras dentro dos artigos 145 a 149 do Regulamento Geral.

e) a decisão sobre a data, o local e o tema central da Conferência deverá ser tomada no primeiro ano do mandato do Conselho Federal ou do Conselho Seccional;

f) as conclusões das Conferências têm caráter de recomendação aos Conselhos correspondentes;

g) as Conferências possuem dois tipos de Membros: os efetivos (os Conselheiros e Presidentes dos órgãos da OAB presentes, os Advogados e Estagiários inscritos na Conferência, todos com direito a voto); e os convidados, que são as pessoas a quem for concedida esta qualidade pela Comissão Organizadora; os convidados não tem direito a voto, exceto quando for Advogado;

h) Os estudantes de direito, mesmo inscritos como estagiários na OAB, são membros ouvintes, escolhendo um porta-voz entre os presentes em cada sessão da Conferência;

i) a Conferência é dirigida por uma Comissão Organizadora, conforme designação do Presidente do Conselho, que a preside, e é integrada pelos membros da Diretoria e outros convidados;

j) os trabalhos da Conferência desenvolvem-se em sessões plenárias, painéis ou outros modos de exposição ou atuação dos seus participantes;

k) é facultado aos expositores submeter as suas conclusões à aprovação dos participantes.

Espero que estes destaques sejam úteis aos estudos do(a) Leitor(a), mas insisto no meu conselho de que faça uma leitura completa e atenta do Regulamento Geral do Estatuto da Advocacia e da OAB.

Passo, em seguida, aos estudos do Código de Ética.

3. O Código de Ética e Disciplina da OAB[27]

Utilizando-se das atribuições que lhe foram conferidas pelo Estatuto no seu artigo 54, inciso V, o Conselho Federal da Ordem dos Advogados do Brasil aprovou e editou o *Código de Ética e Disciplina da OAB*, que foi publicado no Diário da Justiça e entrou em vigor em 1º de março de 1995, "exortando os advogados brasileiros à sua fiel observância".

O código tem uma estrutura básica que considero bipartida, assim:

- um preâmbulo, ainda que não denominado formalmente como tal; e

- o corpo de regras.

O estilo redacional é técnico, mas não é hermético.

---

[27] Conforme texto constante em: http://www.oab.org.br/arquivos/pdf/LegislacaoOab/codigodeetica.pdf (acesso em 18 de junho de 2009).

Quanto ao seu conteúdo passo, aqui e na seqüência, a dedicar-me a trazer ao Leitor alguns dos pontos que – sob percepção pessoal – considero como os mais relevantes.

No que concerne à sua **parte preambular**, é importante registrar que o Conselho Federal declara explicitamente que, "ao instituir o Código de Ética e Disciplina, norteou-se por princípios que formam a consciência profissional do advogado e representam imperativos de sua conduta".

Em seguida, o Código apresenta **oito princípios**, os quais não posso deixar de transcrever, de maneira praticamente literal, pela sua importância não só como fundamento das regras éticas, mas principalmente porque devem, sempre, se constituir no paradigma basilar do comportamento dos Advogados:

1 - lutar sem receio pelo primado da Justiça;

2 – pugnar pelo cumprimento da Constituição e pelo respeito à Lei, fazendo com que esta seja interpretada com retidão, em perfeita sintonia como os fins sociais a que se dirige e as exigências do bem comum;

3 – ser fiel à verdade para poder servir à Justiça como um de seus elementos essenciais;

4 – proceder com lealdade e boa-fé em suas relações profissionais e em todos os atos do seu ofício;

5 - empenhar-se na defesa das causas confiadas ao seu patrocínio, dando ao constituinte o amparo do Direito, e proporcionando-lhe a realização prática de seus legítimos interesses; comportando-se, neste mister, com independência e altivez, defendendo com o mesmo denodo humildes e poderosos;

6 - exercer a Advocacia com o indispensável senso pro-

fissional, mas também com desprendimento, jamais permitindo que o anseio de ganho material sobreleve à finalidade social do seu trabalho;

7 - aprimorar-se no culto dos princípios éticos e no domínio da ciência jurídica, de modo a tornar-se merecedor da confiança do cliente e da sociedade como um todo, pelos atributos intelectuais e pela probidade pessoal; e

8 – agir, em suma, com a dignidade das pessoas de bem e a correção dos profissionais que honram e engrandecem a sua classe.

O **Corpo Normativo** propriamente dito apresenta-se com a seguinte estrutura:

- Título I - Da Ética do Advogado - (artigos 1º a 48), contendo sete capítulos que disciplinam os seguintes assuntos: Das Regras Deontológicas[28] Fundamentais; Das Relações com o Cliente; Do Sigilo Profissional; Da Publicidade; Dos Honorários Profissionais; Do Dever de Urbanidade; e Das Disposições Gerais.

- Título II - Do Processo Disciplinar - (artigos 49 a 66), cuidando, em três capítulos: Da Competência do Tribunal de Ética e Disciplina; Dos Procedimentos; e Das Disposições Gerais e Transitórias.

A respeito do que revela essa síntese apresentada, tenho, quanto à forma, duas observações críticas (de cunho construtivo) a fazer:

---

[28] Deontológico é o adjetivo referente à Deontologia, a qual, no registro de Edésio Nery CAON significa: "Ciência dos Deveres, ligada à moral". In **Dicionário de Termos da Filosofia**. Balneário Camboriú. Edição do Autor, 1979, p. 59.

1º - a divisão estrutural adotada pelo código não segue a boa técnica, eis que o Capítulo III (Das Disposições Gerais e Transitórias) se encontra inserido no Título II (Do Processo Disciplinar), quando certas regras - como as dos artigos 64, 65 e 66 - não são disposições gerais apenas relativas ao "Processo Disciplinar", mas, sim, a todo o Código;

2º - ao denominar o Capítulo I (inserido no título I) como "Das Regras Deontológicas Fundamentais", o legislador estimula debates e eventuais divergências teóricas, já que as normas contidas no referido capítulo não são apenas de ordem moral (na qual se dispõe sobre o correto e o incorreto), mas, e sobretudo, alcançam a condição de deveres éticos, isto é, constituem-se em obrigações a cumprir, decorrentes do valor e da importância que são atribuídos a determinadas condições e comportamentos.[29]

Tanto assim o são que, pelo seu descumprimento, o Advogado pode receber sanções negativas não apenas no nível da consciência do infrator e/ou da Sociedade, mas concretamente, no mundo vivencial, através de pe-

[29] Ética é: "juízo de valor referente à conduta humana, obedecendo a padrões culturais". Conforme: MELO, Osvaldo Ferreira de. **Dicionário de Direito Político**. Rio de Janeiro: Forense, 1978, p. 48. Sobre conceito de ética e de moral vide MELO, Osvaldo Ferreira de. **Dicionário de Política Jurídica**. Florianópolis: OAB/SC Editora,2000, p. 39 e 65, respectivamente. A este respeito, veja-se também o Anexo I, que se encontra ao final da obra: PASOLD, Cesar Luiz. **O advogado e a advocacia**. 3.ed. rev. atual.amp.Florianópolis: OAB/SC Editora, 2001. Também me permito sugerir a leitura da Introdução (p.23 a 30) do livro: PASOLD, Cesar Luiz. **Ensaio sobre a Ética de Norberto Bobbio**. Florianópolis:Conceito Editorial,2008.

nas disciplinares aplicadas pela sua corporação profissional, a OAB.

De qualquer forma, o Código, em minha opinião, é consistente, dotado de extrema clareza e, quando necessário, contundente na precisão dos deveres do Advogado. Assim ocorre, por exemplo, já no parágrafo único do artigo 2º, no qual são arrolados nove deveres do Advogado. Entre eles, escolho seis para apresentar objetivamente neste momento deste Livro com comentários objetivos (os demais, que se encontram nos incisos II, IV e IX, merecerão o devido destaque mais adiante). Assim:

1º - no inciso I encontra-se como dever do Advogado o de "preservar, em sua conduta, a honra, a nobreza e a dignidade da profissão, zelando pelo seu caráter de essencialidade e indispensabilidade";

Esta regra, como se percebe, é do tipo vinculado estritamente ao valor especial atribuído à profissão de Advogado, buscando-se com a obediência a ela não apenas a continuidade da existência da profissão, mas, sobretudo fornecer a permanente motivação para que a sociedade mantenha e sustente a natureza essencial e o caráter indispensável da Advocacia, consagrando-se permanentemente na prática o *status* (merecida e positivamente privilegiado) constitucional que o Advogado detém em nosso país. O cumprimento desta norma haverá de ser, portanto, um importante fator realimentador do correto e completo prestígio da Advocacia e do seu profissional, o Advogado.

2º - o inciso III consagra o dever do Advogado de "velar por sua reputação pessoal e profissional";

Esta norma preocupa-se com as duas faces vivenciais, a pessoal e a profissional, porque, como sabemos todos nós, é apenas uma abstração teórica a tentativa de desassociar a pessoa do profissional.

Por isto, o zelo pela reputação, ou seja, pela maneira como a Sociedade avalia uma pessoa - nos planos moral e ético - deve concretizar-se em condutas que correspondam ao consenso social, quer na vida pessoal, quanto nas atividades laborais.

3º - no inciso V, encontra-se a regra pela qual deve o Advogado "contribuir para o aprimoramento das instituições, do Direito e das leis".

Isto porque é através desta matéria, que vem alcançando crescente consistência científica no universo acadêmico jurídico, que o aluno poderá abastecer-se de informações e estímulos para, quando se tornar Advogado, melhor cumprir esta norma do seu Código de Ética.

Na realidade, o que a regra diz é que o Advogado deve ser também um político do Direito, vale dizer, que ele esteja "impregnado de humanismo jurídico", seja "treinando na crítica social" e "ponha sua sensibilidade e sua experiência a serviço da construção de um Direito que seja mais justo, legítimo e útil".[30]

4º - o dever de "estimular a conciliação entre os litigantes, prevenindo, sempre que possível, a instauração de litígios", é previsto no inciso VI do artigo sob exame.

A regra é muito clara quanto a posição especialmente privilegiada que deve ter, no contexto do exercício profissional do Advogado, a conciliação. Portanto, a busca de

---

[30] Ver MELO, Osvaldo. **Fundamentos da Política Jurídica**, Porto Alegre: Sérgio Antônio Fabris Editor/CPG-UFSC, 1994. p. 131 e 132.

acordo que evite a lide na órbita do judiciário é obrigação ética dos Advogados de ambas as partes.

Evidentemente que tal dever haverá de ser exercitado num contexto na qual sejam, cautelosa e inteligentemente, verificadas as condições do ajuste, de tal forma que não provoque prejuízo para as partes, mas sempre sob a inspiração da máxima de que o acordo é a concessão recíproca e equânime de exigências, com a finalidade de harmonizar os envolvidos e encerrar a divergência.

De outra parte, é interessante perceber que esta norma pressupõe que o Advogado tenha uma qualidade pessoal e profissional importante: a capacidade de negociação, com a implícita habilidade de conciliação. Tal característica pode ser desenvolvida, desde que haja o devido estímulo e treinamento.[31]

5º - a regra do inciso VII é: *"aconselhar o cliente a não ingressar em aventura judicial"*;

Julgo interessante fazer uma associação entre este dever e o que consta, mais adiante, no Código, em seu artigo 8º, que prescreve: "*O advogado deve informar o cliente, de forma clara e inequívoca, quanto a eventuais riscos da sua pretensão, e das conseqüências que poderão advir da demanda*".

Como se pode ver, na realidade, estas duas normas se colocam como graduações de um mesmo dever do Advo-

---

[31] Especificamente a respeito do tema negociação nas relações pessoais e profissionais, recomendo, pela sua simplicidade, objetividade e didatismo, a leitura de CARVALHO, Flávio Roberto de. **Negociação – Um Instrumento de Vida**. Rio de Janeiro: Fundação Barão de Mauá, 1986, 93p.

gado, qual seja, o de expressar ao Cliente toda a verdade sobre a causa em questão, o que pode significar:

a) o aconselhamento para que não se vá à via judicial; ou

b) a comunicação detalhada sobre peculiaridades de pretensão do Cliente, suas limitações legais e jurisprudenciais, e os efeitos possíveis quer da decisão favorável quanto da desfavorável.

6º - o inciso VIII do artigo 2º determina cinco abstenções ao Advogado, ou seja, ele não pode:

1. "utilizar de influência indevida, em seu benefício ou do cliente";

2. "patrocinar interesses ligados a outras atividades estranhas à advocacia, em que também atue";

3. "vincular o seu nome a empreendimento de cunho manifestamente duvidoso";

4. "emprestar concurso aos que atentem contra a ética, a moral, a honestidade e a dignidade da pessoa humana";

5. "entender-se diretamente com a parte adversa que tenha patrono constituído, sem o assentimento deste".

Inicialmente, observo que esta coleção de abstenções, vale dizer, de condutas não permitidas, constitui-se no único dispositivo redigido em linguagem negativa de todo o conjunto normativo do artigo 2º do Código. Todos os demais incisos e o próprio *caput* do artigo 2º têm a sua formulação em forma determinativa positiva.

A leitura atenta das cinco proibições demonstra que elas implicam no cumprimento prático de diversos dos princípios que instruem o Código, especificados no seu preâmbulo e já destacados, retro, neste Livro, em especial o de "*ser fiel à verdade para poder servir à Justiça como um de seus elementos essenciais*", e o de "*proceder com lealdade e boa-fé em suas relações profissionais e em todos os atos do seu ofício*".

Quanto aos demais artigos do Código, volto a insistir que merecem a leitura atenta.

Mas, permito-me, em seguida, a escolha de alguns dos artigos, em **onze destaques**, para ressaltar a sua presença no Código e auxiliar o(a) Leitor(a) em seus estudos para o Exame de Ordem.

Assim, o **primeiro destaque** é para o artigo 5º e sua peremptória regra no sentido de que há **incompatibilidade entre o exercício da Advocacia e "qualquer procedimento de mercantilização"**, ali, a palavra mercantilização não se encontra grifada nem entre aspas, razão pela qual pode o leitor entendê-la como derivada de mercantilizar, que tem seu sentido comum registrado em dicionários, como o do professor Aurélio Buarque de Holanda Ferreira, ou seja: tornar-se objeto de comércio.[32]. Isto significa que na Advocacia nada pode ser tratado como se fosse uma mercadoria que está sendo negociada.

O **segundo destaque** é a situação regulada pelo artigo 18 do Código. Nele, é apresentada a hipótese do surgimento de **conflitos de interesses entre os constituintes de um mesmo Advogado**, ocasião em que deve o profissional optar por um dos mandatos e renunciar aos demais, sob três alertas:

---

[32] Conforme: **Novo Dicionário Aurélio – Versão eletrônica**. Positivo Informática. Verbete: Mercantilização 2. Consulta em 18 de junho de 2009.

1º - agir com prudência;

2º - agir com discernimento;

3º - resguardar o sigilo profissional.

O **terceiro destaque** diz respeito exatamente à questão do **sigilo profissional** (disciplinando nos artigos 25 a 27), ressaltando as exceções à sua obediência. Nos termos do artigo 25 a 27, as exceções são:

a) grave ameaça ao Direito à vida e à honra;

b) quando o Advogado for afrontado pelo próprio Cliente e, para defesa própria, "sempre restrito ao interesse da causa".

c) para confidências que o Cliente tenha feito ao Advogado, nos "limites da necessidade da defesa, desde que autorizado aquele pelo constituinte".

O **quarto destaque** é o relativo à **publicidade**.[33]. O tema está disciplinado do artigo 28 ao 34. Do conjunto, ressalto alguns pontos específicos:

a) o Advogado não pode anunciar através de rádio e televisão, nem por *outdoor* ou equivalente;

b) o Advogado não pode "responder com habitualidade consulta sobre matéria jurídica, nos meios de comunicação social, com o intuito de promover-se profissionalmente";

c) é vedada a divulgação de lista de Clientes e demandas do Advogado;

---

[33] Sobre o tema, vide o Provimento n. 94/2000 do Conselho Federal da Ordem dos Advogados do Brasil. Pode ser acessado em: http://www.oab.org.br/msProvimentoPrint.asp?idt=94/2000&str=&oper=AND (acesso em 08 de junho de 2009).

d) o Advogado deve abster-se de auto-insinuações para reportagens e declarações públicas;

e) "*O uso das expressões "escritório de advocacia" ou "sociedade de advogados" deve estar acompanhado da indicação de número de registro na OAB ou do nome e do número de inscrição dos advogados que o integrem*";

f) "*O anúncio, no Brasil, deve adotar o idioma português, e, quando em idioma estrangeiro, deve estar acompanhado da respectiva tradução*".

O meu **quinto destaque** é uma seleção de alguns aspectos relativos à **ética dos honorários profissionais** (artigos 35 a 43 do Código), enfatizando o seguinte:

1º - a relação, sob o ponto de visita da remuneração do trabalho, entre o Advogado e seu Cliente deve, sempre, estar detalhadamente explicita em contato escrito (veja artigo 35);

2º - entre os oito elementos que devem ser considerados na fixação - com moderação - dos honorários, a minha percepção pessoal me faz destacar dois como especialmente contundentes: os previstos no inciso I do artigo 36, ou seja, "a relevância, o vulto, a complexidade e a dificuldade das questões versadas", e o estabelecido pelo inciso IV do mesmo artigo: "o valor da causa, a condição econômica do cliente e o proveito para ele resultante do serviço profissional";

3º - a norma do parágrafo único do artigo 38, conforme a qual "*A participação do advogado em bens particulares de cliente, comprovadamente sem condições pecuniárias, só é tolerada em caráter excepcional, e desde que contratada por escrito.*";

4º - o cuidado que o Advogado deve ter para não aviltar os valores relativos aos serviços profissionais, evitando - "salvo motivo plenamente justificável" – a fixação em patamares inferiores ao mínimo fixado na tabela de honorários (artigo 41) estabelecida pela OAB - Seccional; e

5º - o contido na disposição do artigo 43, pela qual o Advogado deve renunciar ao patrocínio de causa e fazer-se representar por colega em caso de arbitramento e cobrança judicial dos honorários advocatícios.

O meu **sexto destaque** é relativo ao que o Código denomina **dever de urbanidade**, disciplinando-o nos artigos 44 a 46. Ali estão regras básicas, como o tratamento que o Advogado deve conferir ao público, aos colegas, às autoridades e aos funcionários do Juízo - "com respeito, discrição e independência" -, exigindo a reciprocidade e havendo zelo pelas "prerrogativas a que tem direito".

Também se impõe ao Advogado "lhaneza, emprego de linguagem escorreita e polida, esmero e disciplina na execução dos serviços".

E a norma do artigo 46 merece destaque muito especial na medida em que procura garantir, que mesmo nos casos de Advogado dativo ou conveniado, o zelo profissional seja o mesmo no de outros casos, de forma a que "o cliente se sinta amparado e tenha a expectativa de regular desenvolvimento da demanda".

O **sétimo destaque** é a obrigação partilhada pelos presidentes dos Conselhos Seccionais, das Subseções e dos Tribunais de Ética e Disciplina com relação ao **dever de "chamar a atenção"** do responsável por transgressão das normas do Código, do Estatuto, do Regulamento Geral e de Provimentos, "sem prejuízo da instauração do competente procedimento para apuração das infrações e aplicação das penalidades cominadas", nos termos do artigo 48 do Código.

Neste aspecto, aliás, o Tribunal de Ética e Disciplina, conforme o inciso I do artigo 50 deve de ofício, instaurar o devido processo quanto a ato ou matéria "que considere passível de configurar, em tese, infração a princípio ou norma[34] de ética profissional". Chamo a atenção para esta parte final que sublinhei porque, nela, o legislador deixa definitivamente claro que também a desobediência aos princípios balizadores do Código de Ética pode constituir-se em infração, com a necessária conseqüência punitiva, quando for o caso.

De outra parte, ressalto o disposto no artigo 47, que merece transcrição literal, porque disciplina a **conduta organizacional quando há omissão no Código de Ética**:

> "*A falta ou inexistência, neste Código, de definição ou orientação sobre questão de ética profissional, que seja relevante para o exercício da advocacia ou dele advenha, enseja consulta e manifestação do Tribunal de Ética e Disciplina ou do Conselho Federal.*"

[34] Sem o sublinhado no original.

O **oitavo destaque** é o importantíssimo **duplo papel fundamental conferido ao Tribunal de Ética e Disciplina** pelo artigo 49, quando fixa como suas competências:

a) a de fornecer orientação e aconselhamento sobre ética profissional, "respondendo às consultas em tese"; e

b) a de julgar os processos disciplinares.

O **nono destaque** é o tributo de confiança à **atividade educativa como incremento ao senso ético** que se revela no texto do artigo 59, o qual, apesar de extenso, merece transcrição integral:

> *"Considerada a natureza da infração ética cometida, o Tribunal pode suspender temporariamente a aplicação das penas de advertência e censura impostas, desde que o infrator primário, dentro do prazo de 120 dias, passe a freqüentar e conclua, comprovadamente, curso, simpósio, seminário ou atividade equivalente, sobre Ética Profissional do Advogado, realizado por entidade de notória idoneidade."*

O **décimo destaque** do Código é a regra de **publicidade da pauta de julgamentos do Tribunal de Ética e Disciplina**, a ser divulgada através de órgão oficial e Seccional, com sete dias de antecedência, conforme o artigo 64 do Código.

O **último destaque** da parte positiva do Código é a **extensão das obrigações decorrentes de suas normas para os Estagiários e para as Sociedades de Ad-**

vogados, “no que lhes forem aplicáveis” (artigo 65).

Espero que estes destaques sejam úteis aos estudos do(a) Leitor(a), mas insisto no meu conselho de que faça uma leitura completa e atenta do Código de Ética e Disciplina da OAB.[35]

[35] Repito que o texto está disponível em : http://www.oab.org.br/arquivos/pdf/LegislacaoOab/codigodeetica.pdf

SEGUNDA PARTE:
TESTES DE VERIFICAÇÃO DE APRENDIZAGEM

SEGUNDA PARTE: TESTES DE VERIFICAÇÃO DE APRENDIZAGEM

1. Teste objetivo sobre aspectos estratégicos do Estatuto da Advocacia e da OAB[36]

Instruções:

- faça uma releitura deste Livro em seu conteúdo até aqui e leia o inteiro teor da Lei nº 8.906/94;

- sem consulta, examine as 25 formulações a seguir, indicando, nos parênteses respectivos, com a letra V quais as que correspondem correta e integralmente à natureza ou ao conteúdo do Estatuto, e com a letra F quais as que não correspondem;

- o gabarito se encontra no item 2 a seguir.

CONFORME A LEI Nº 8.906/94:

1- O Advogado no exercício da profissão tem o direito de ingressar livremente nas salas de sessões dos tribunais, mesmo além dos cancelos que separam a parte reservada aos magistrados. ( )

[36] Antes de iniciar o Teste, releia o Estatuto da Advocacia em: http://www.planalto.gov.br/ccivil_03/Leis/L8906.htm .

2- O profissional a quem forem aplicadas as sanções disciplinares de censura e exclusão, fica impedido de exercer o mandato. ( )

3- É obrigatória a assistência de Advogados aos atos e contratos que constituam pessoas jurídicas, sob pena de nulidade do ato e de inadmissibilidade á registro. ( )

4- Entre os diversos requisitos para a inscrição como Advogados na OAB não se encontra a obrigatoriedade de Exame de Ordem. ( )

5- Não é considerada como exercício da Advocacia a atividade que é exercida de forma exclusivamente vinculada à função de Procurador Geral, Advogado Geral, Defensor Público ou dirigente de órgãos jurídicos da administração publica direta, indireta e fundacional. ( )

6- Os atos praticados por Advogado que esteja impedido (dentro do âmbito do respectivo impedimento) não são nulos, mais sim anuláveis. ( )

7- Não há hierarquia nem subordinação entre Advogados, Magistrados e Membros do Ministério público, devendo todos tratar-se com consideração e respeito recíprocos. ( )

8- A sociedade civil de prestação de serviços de Advocacia adquire personalidade jurídica quando da aprovação do registro dos seus atos constituídos por parte do Conselho Seccional OAB na base territorial na qual tiver sua sede. ( )

9- Quanto às procurações conferidas a Advogados pertencentes à sociedade civil de prestação de serviços de Advocacia, elas devem ser outorgadas de maneira nominal e individual, com a indicação da sociedade de que façam parte. ( )

10- Entre as regras que o Estatuto estabelece para o Advogado empregado, encontra-se a de que a jornada de trabalho não deve ultrapassar a duração diária de quatro horas contínuas e de vinte horas semanais, com as exceções: disposição diversa em acordo ou convenção coletiva ou encontrar-se o Advogado em dedicação exclusiva à organização para a qual presta serviços. ( )

11- O prazo prescricional para ação de cobrança de honorários profissionais é de dez anos, contado sempre a partir do trânsito em julgado da decisão que os fixar. ( )

12- O exercício da Chefia do Poder Executivo e a condição de membro da Mesa do Poder Legislativo e de seus substitutos legais caracteriza incompatibilidade para a Advocacia, mesmo em causa própria. ( )

13- A Ordem dos Advogados do Brasil é serviço público, dotada de personalidade jurídica e forma federativa. ( )

14- Entre as competências do Conselho Federal da OAB encontra-se a de ajuizar mandado de injunção. ( )

15- Entre as competências privativas dos Conselhos Seccionais da OAB encontra-se a de fixar a tabela de honorários com validade para todo território estadual. ( )

16- A eleição dos membros de todos os órgãos da OAB, na forma e segundo os critérios e procedimentos estabelecidos no regulamento geral, é de comparecimento obrigatório para todos os advogados inscritos na OAB. ( )

17- A Diretoria do Conselho Federal da OAB é eleita pelo voto direto e universal dos Advogados brasileiros. ( )

18- No rol das infrações disciplinares previstas encontra-se a incidência em erros reiterados que evidenciam inépcia profissional. ( )

19- A impetração de Hábeas Corpos perante o Supremo Tribunal Federal – STF é atividade privativa de Advocacia. ( )

20- Compete ao Conselho Federal participar de concursos públicos, nos casos previstos na Constituição e na lei, em todas as suas fases, quando tiverem abrangência nacional ou interestadual. ( )

21- Afirmando urgência e se obrigando a apresentar procuração no prazo de quinze dias, prazo este prorrogável por igual período, o Advogado pode atuar sem procuração. ( )

22- O Exame de Ordem é regulamentado em provimento do Conselho Seccional da OAB. ( )

23- A inscrição do profissional Advogado junto a OAB, é cancelada apenas quando o mesmo assim o requerer, ou quando sofrer a penalidade de exclusão ou quando o mesmo falecer. ( )

24- Não pode cobrar honorários o Advogado substabelecido com reserva de poderes, sem que haja a intervenção daquele que lhe conferiu o substabelecimento. ( )

25- O pagamento da contribuição anual à OAB não isenta os inscritos nos seus quadros do pagamento obrigatório da contribuição sindical. ( )

Confira a seguir o Gabarito do Teste.

2. Gabarito do Teste objetivo sobre aspectos estratégicos do Estatuto da Advocacia e da OAB

Veja as respostas corretas seguidas da indicação da regra/fonte respectiva

V = VERDADEIRAS = AS FORMULAÇÕES SOB Nº:

01 – (Alínea “a” inciso VI Art. 7º);
03 – (Parágrafo § 2º Art. 1º);
07 – (Art. 6º, *caput*);
08 – (Parágrafo § 1º Art. 15);
09 – (Parágrafo § 3º Art. 15);
10 – (Art. 20, *caput*);
12 – (Inciso I Art. 28);
13 – (Art. 44, *caput*);
14 – (Inciso XIV Art. 54);
15 – (Inciso V Art. 58);
16 – (Parágrafo § 1º Art. 63);
18 – (Inciso XXIV Art. 34);
20 – (Inciso XVII Art. 54);
21 – (Parágrafo § 1º Art. 5º);
24 – (Art. 26).

F = FALSAS = AS FORMULAÇÕES SOB Nº:

02 – (Art. 42);
04 – (Inciso IV Art. 8º);
05 – (Parágrafo § 1º Art. 3º);

06 – (Parágrafo único Art. 4º);
11 – (Art. 25, *caput* e incisos I a V);
17 – (Inciso IV Art. 67);
19 – (Parágrafo §1º Art. 1º)
22 – (Parágrafo § 1º Art. 8º);
23 – (Incisos I, II, III, IV e V Art. 11);
25 – (Art. 47).

3. Teste objetivo sobre aspectos estratégicos do Regulamento Geral da Advocacia e da OAB[37]

Instruções:

- faça uma releitura deste Livro em seu conteúdo até aqui e leia o inteiro teor do Regulamento Geral da Advocacia e da OAB;

- sem consulta, examine as 25 formulações a seguir, indicando, nos parênteses respectivos, com a letra V quais as que correspondem correta e integralmente à natureza ou ao conteúdo do Regulamento Geral da Advocacia e da OAB, e com a letra F quais as que não correspondem;

- o gabarito se encontra no item 4 a seguir.

[37] Antes de Iniciar o teste, releia o Regulamento Geral do Estatuto da Advocacia e da OAB em: http://www.oab.org.br/arquivos/pdf/LegislacaoOab/RegulamentoGeral.pdf (acesso em 11 de junho de 2009).

CONFORME O REGULAMENTO GERAL DA ADVOCACIA E DA OAB:

1- O voto nas eleições do Conselho Seccional é obrigatório para todos os Advogados inscritos da OAB, podendo ser aplicada multa de 20% do valor da anuidade, caso o Advogado inscrito não compareça ou sua justificativa não seja aceita pela Diretoria do Conselho Seccional. ( )

2- O Advogado que preste serviço a órgão ou entidade da Administração Pública direta ou indireta, está impedido de assinar os atos constitutivos de Pessoa Jurídica, que serão registrados na Junta Comercial, ou em quaisquer repartições administrativas competentes para o mencionado registro, no âmbito da unidade federativa a que se vincule. ( )

3- Os integrantes das Procuradorias e Consultorias Jurídicas dos Estados da Advocacia-Geral da União, da Defensoria Pública e, do Distrito Federal, dos Municípios, das autarquias e das fundações públicas, não estando obrigados à possuir inscrição na OAB, para o exercício de suas atividades. ( )

4- Ao Conselho Federal através da sua Comissão de Ensino Jurídico compete opinar previamente nos pedidos para criação, reconhecimento e credenciamento dos cursos jurídicos. ( )

5- No exercício das atividades privativas da Advocacia, previstas no Art. 1º do Estatuto da Advocacia, os integrantes da Advocacia Pública, sujeitam-se apenas ao regime do Estatuto da Advocacia, inclusive quanto às infrações e sanções. ( )

6- No exercício de atos privativos da Advocacia quando estes causarem danos diretos ao Cliente, nas hipóteses de dolo ou culpa e ou ação ou omissão, os Advogados sócios e os associados respondem limitadamente, por tais danos. ( )

7- O Advogado empregado com dedicação exclusiva, receberá como horas extraordinárias, todas as que excederem a jornada de quatro horas diárias continuas. ( )

8- Sempre que fatos imputados a Advogado, decorrentes do exercício da profissão ou a este vinculada comine em inquéritos policiais ou nas ações penais, onde figure como indiciado, acusado ou ofendido, contará o Advogado com a assistência de representante da OAB, sem prejuízo da atuação de seu defensor. ( )

9- Quando ofendido comprovadamente em razão do exercício profissional ou de cargo ou função da OAB, o inscrito tem direito ao desagravo público promovido pelo Conselho competente, somente quando houver o seu requerimento. ( )

10- O Advogado fica dispensado de comunicar o exercício eventual da profissão, até o total de dez causas por ano, acima do qual obriga-se à inscrição suplementar. ( )

11- É indispensável o *quorum* de dois terços das delegações, para as votações que tratem da edição e alteração do Regulamento Geral, do Código de Ética e Disciplina e dos Provimentos, bem como para intervir nos Conselhos Seccionais. ( )

12- O estagiário inscrito na OAB, pode assinar sozinho petições de juntada de documentos a processos judiciais ou administrativos, sob a responsabilidade do advogado que o substabeleceu. ( )

13- Cabe à Caixa de Assistência dos Advogados a metade da receita das anuidades recebidas pelo Conselho Seccional, após as deduções obrigatórias, nos percentuais previstos no Regulamento Geral. ( )

14- Os honorários de sucumbência dos Advogados empregados constituem fundo privado do empregador, cuja destinação é decidida por este. ( )

15- A carteira e o cartão emitidos pela OAB, são os documentos de identidade profissional de uso obrigatório pelos Advogados e opcional pelos estagiários inscritos na OAB, para o exercício de suas atividades. ( )

16- O mandato dos membros dos Tribunais de Ética e Disciplina tem a duração de três anos. ( )

17- Ocorrendo três suspensões por não pagamento de anuidades distintas, é cancelada a inscrição na Ordem dos Advogados do Brasil. ( )

18- O Conselho Federal fixa tabela de honorários advocatícios, definindo as referências mínimas e as proporções, quando for o caso. ( )

19- O Advogado deve notificar o cliente obrigatoriamente mediante carta com aviso de recepção sobre a renúncia ao mandato, comunicando anteriormente o Juízo. ( )

20- Compete ao Conselho Federal fornecer aos Conselheiros Federais integrantes das bancadas dos Conselhos Seccionais que não tiverem condições financeiras, a ajuda de transporte e hospedagem, quando das sessões ordinárias mensais dos órgãos deliberativos do Conselho Federal. ( )

21- Exceto em caso de homenagem a quem tenha prestado relevantes serviços à Sociedade e à Advocacia, os órgãos da OAB não podem se manifestar sobre questões de natureza pessoal. ( )

22- É permitido ao Advogado funcionar no mesmo processo, como patrono e preposto do empregador, de forma simultânea. ( )

23- Os ex-presidentes têm direito a voz nas sessões do Conselho Federal, sendo assegurado o direito de voto aos que exerceram mandato antes de 05 de julho de 1994 ou em seu exercício se encontravam naquela data. ( )

24- Para ser considerado efetivo exercício da atividade de Advocacia, é necessária a participação mínima em cinco atos privativos de Advocacia, durante o período de um ano, sendo em causas ou questões distintas. ( )

25- Quando ocorrer ofensa a Advogado que tenha relevância e grave violação às prerrogativas profissionais, com repercussão nacional, compete ao Conselho Federal promover o desagravo público, deste Advogado. ( )

Veja no próximo item o gabarito do Teste.

4. Gabarito do Teste objetivo sobre aspectos estratégicos do Regulamento Geral da Advocacia e da OAB.

Veja as respostas corretas seguidas da indicação da regra/fonte respectiva.

V=VERDADEIRAS = AS FORMULAÇÕES SOB NÚMEROS:

01 – (Art. 134,*caput*);
02 – (Parágrafo único Art. 2º);
04 – (Art. 83,*caput*);
08 – (Art. 16);
11 – (Art. 78,*caput*);
12 – (Parágrafo 1º, inciso III, Art. 29);
13 – (Art. 57,*caput*);
16 – (Parágrafo 2º Art. 114);
17 – (Parágrafo único Art. 22);
20 – (Art. 66,*caput* e seu parágrafo único);
21 – (Art. 151,*caput*);
23 – (Parágrafo 1º Art. 62);
24 – (Art. 5º,*caput*);
25 – (Art. 19).

F = FALSAS = AS FORMULAÇÕES SOB OS NÚMEROS:

03 – (Art. 9º,*caput*);
05 – (Art. 10);
06 – (Art. 40);
07 – (Parágrafo único Art. 12);
09 – (Art. 18,*caput*);
10 – (Art. 26);
14 – (Parágrafo único Art. 14);
15 – (Art. 32,*caput*);

18 – (Art. 111,*caput*);
19 – (Art. 6º);
22 – (Art. 3º).

5. Teste objetivo sobre aspectos estratégicos do Código de Ética e Disciplina da OAB[38]

Instruções:

- faça uma releitura deste Livro em seu conteúdo até aqui e leia o inteiro teor do Código de Ética e Disciplina da OAB;

- sem consulta, examine as 25 formulações a seguir, indicando, nos parênteses respectivos, com a letra V quais as que correspondem correta e integralmente à natureza ou ao conteúdo do Código de Ética e Disciplina da OAB, e com a letra F quais as que não correspondem;

- o gabarito se encontra no item 6 a seguir.

CONFORME O CÓDIGO DE ÉTICA E DISCIPLINA DA OAB:

1- Entre os postulados explícitos no preâmbulo se encontra o de proceder com lealdade e boa-fé em suas relações profissionais e nos principais atos do seu ofício. ( )

[38] Antes de Iniciar o teste, releia o Código de Ética e Disciplina da OAB em: http://www.oab.org.br/arquivos/pdf/LegislacaoOab/codigodeetica.pdf

2- Entre os princípios que nortearam a instituição do Código encontra-se o do exercício da Advocacia com o indispensável senso profissional, mas também com desprendimento, jamais permitindo que o anseio de ganho material sobreponha-se à finalidade social do trabalho do Advogado. ( )

3- O Advogado deve ser consciente de que o Direito é um meio de mitigar as desigualdades para o encontro de soluções justas, e de que a lei é um instrumento existente para a garantia de igualdade de todos. ( )

4- Somente no caso de desconstituição do mandato é que o Advogado tem a obrigação de devolver ao cliente os bens, valores e documentos recebidos no exercício do mandato. ( )

5- O Advogado ao renunciar ao patrocínio de uma causa deve explicitar publicamente as razões e os fundamentos desta sua conduta. ( )

6- Quando convidado para manifestação pública, por qualquer modo e forma, visando ao esclarecimento de tema jurídico de interesse geral, o Advogado deve evitar insinuações que levem à sua promoção pessoal ou profissional, assim como deve evitar o debate de cunho sensacionalista.

( )

7- Não há qualquer impedimento no sentido de que, no Brasil, o anúncio de Advogado se apresente exclusivamente em idioma estrangeiro. ( )

8- O processo disciplinar é instaurado, pelo Tribunal de Ética e Disciplina, de ofício ou em decorrência de representação dos interessados, que não pode ser anônima. ( )

9- Não há obrigação de o Advogado aceitar a imposição advinda de seu cliente no sentido de que ele atue com outros Advogados, nem a de concordar com a indicação de outro profissional que venha a trabalhar com ele no processo. ( )

10- O crédito por honorários advocatícios, seja do Advogado autônomo, seja de Sociedade de Advogados, não autoriza o saque de duplicatas ou de qualquer outro título de crédito de natureza mercantil, exceto a emissão de fatura, desde que constitua exigência do constituinte ou assistido, decorrente de contrato escrito, vedada a tiragem de protesto. ( )

11- O Advogado, indispensável à administração da Justiça, é defensor do Estado Democrático de Direito, da cidadania, da moralidade pública, da Justiça e da paz social, subordinando a atividade de seu Ministério Privado à elevada função pública que exerce. ( )

12- No caso de os interessados em processos disciplinar terem comprovadamente e de modo temerário, nele intervindo, buscando a emulação ou procrastinação, caracteriza-se a falta de ética passível de punição. ( )

13- O Tribunal de Ética e Disciplina tem a sua organização e funcionamento exclusivamente dispostos no Regimento do Conselho Seccional respectivo. ( )

14- A falta ou inexistência, no Código, de definição ou orientação sobre questão de ética profissional que seja relevante para o exercício da Advocacia, ou dele advenha, enseja somente consulta e manifestação do Conselho Seccional respectivo. ( )

15- Correspondências, comunicados e publicações, versando sobre constituição, colaboração, composição e qualificação de componentes de escritório e especificação de especialidades profissionais, bem como a emissão de boletins informativos e comentários sobre legislação, somente podem ser fornecidos a colegas, clientes ou pessoas que os solicitarem ou autorizarem previamente. ( )

16- O Advogado deve abster-se de debater, em qualquer veículo de divulgação, causa sob seu patrocínio ou patrocínio de colega. ( )

17- O Advogado deve pugnar pela solução dos problemas da cidadania e pela efetivação dos seus Direitos individuais, coletivos e difusos, no âmbito da comunidade. ( )

18- A revogação do mandato judicial por vontade do cliente provoca como conseqüência a sua desobrigação do pagamento das verbas honorárias contratadas, e retira do Advogado o direito de receber quanto lhe seja devido em eventual verba honorária de sucumbência proporcional ao serviço efetivamente prestado até então. ( )

19- O Advogado tem o dever de guardar sigilo, mesmo em depoimento judicial, a respeito daquilo que sabe em conseqüência de seu ofício, cabendo-lhe recusar-se a depor como testemunha em processo no qual funcionou ou deva funcionar, ou sobre fato relacionado com pessoa de quem seja ou tenha sido Advogado, mesmo que autorizado ou solicitado pelo constituinte. ( )

20- O Advogado, na condição de defensor nomeado, conveniado ou dativo, deve comportar-se com zelo, empenhando-se para que o cliente se sinta amparado e tenha a expectativa de regular desenvolvimento da demanda. ( )

21- Os meios e suporte imprescindíveis para o desenvolvimento das atividades do Tribunal de Ética e Disciplina serão obtidos através de taxas processuais próprias cobradas diretamente por este órgão. ( )

22- As comunicações epistolares entre o Advogado e o cliente são presumidas como confidenciais e não podem ser reveladas a terceiros. ( )

23- O mandato judicial ou extrajudicial não se extingue pelo decurso de tempo, desde que permaneça a confiança recíproca entre o outorgante e o seu patrono, no interesse da causa. ( )

24- Entre as competências do Tribunal de Ética e Disciplina encontra-se também a de mediar e conciliar nas questões que envolvam: a) dúvidas e pendências entre Advogados; b) partilha de honorários contratados em conjunto ou mediante substabelecimento, ou decorrentes da sucumbência; c) controvérsias surgidas quando da dissolução de Sociedade de Advogados. ( )

25- É direito e dever do Advogado assumir a defesa criminal, sem considerar sua própria opinião sobre a culpa do acusado. ( )

Veja no próximo item o gabarito do Teste.

6. Gabarito do Teste objetivo sobre aspectos estratégicos do Código de Ética e Disciplina da OAB.

Veja as respostas corretas seguidas da indicação da regra/fonte respectiva.

V=VERDADEIRAS = AS FORMULAÇÕES SOB NÚMEROS:

02 – (Preâmbulo);

03 – (Art. 3º);

06 – (Parágrafo único Art. 32);

08 – (Art. 51, *caput*);

09 – (Art. 22);

10 – (Art. 42);

11 – (Art. 2º, *caput*);

12 – (Art. 58);

15 – (Parágrafo 3º Art. 29);

16 – (Inciso II Art. 33);

17 – (Inciso IX Parágrafo único Art. 2º);

19 – (Art. 26);

20 – (Art. 46);

22 – (Parágrafo único Art. 27);

23 – (Art. 16);

24 – (Inciso IV Art. 50);

25 – (Art. 21).

F = FALSAS = AS FORMULAÇÕES SOB OS NÚMEROS:

01 – (Preâmbulo);

04 – (Art. 9º);

05 – (Art. 13);

07 – (Parágrafo 6º Art. 29);

13 – (Art. 63);

14 – (Art. 47);

18 – (Art. 14);

21 – (Art. 62).

REFERÊNCIAS DAS FONTES CONSULTADAS

ARISTÓTELES. **Ética a Nicômaco.** 3 ed. Tradução do grego, introdução e notas de Mário da Gama Kury. Brasília: Editora Universidade de Brasília, 1999.Título original: Ethikon Nikomacheion.

CAON, Edésio Nery . **Dicionário de Termos da Filosofia**. Balneário Camboriú. Edição do Autor, 1979.

CARVALHO, Flávio Roberto de. **Negociação – Um Instrumento de Vida**. Rio de Janeiro: Fundação Barão de Mauá, 1986

MELO, Osvaldo Ferreira de. **Dicionário de Política Jurídica**. Florianópolis: OAB/SC Editora, 2000.

MELO, Osvaldo. **Fundamentos da Política Jurídica**, Porto Alegre: Sérgio Antônio Fabris Editor/CPG-UFSC, 1994.

MELO, Osvaldo Ferreira de. **Dicionário de Direito Político**. Rio de Janeiro: Forense, 1978.

NOVO Dicionário Aurélio – Versão eletrônica. Positivo Informática. Verbete: Mercantilização 2.

OAB. Provimento n. 94/2000 do Conselho Federal da Ordem dos Advogados do Brasil. Em: http://www.oab.org.br/msProvimentoPrint.asp?idt=94/2000&str=&oper=AND

PASOLD, Cesar Luiz. **O Advogado e a Advocacia**. 3.ed. rev. atual.amp.Florianópolis: OAB/SC Editora, 2001.

PASOLD, Cesar Luiz. **Ensaio sobre a Ética de Norberto Bobbio**. Florianópolis:Conceito Editorial,2008.

RAMOS, Gisela Gondin. **Estatuto da Advocacia – comentários e jurisprudência selecionada**. 3 ed. Florianópolis: OAB/SC Editora, 2001.

http://www.planalto.gov.br/ccivil_03/Leis/L8906.htm

http://www.stf.jus.br/portal/peticaoInicial/verPeticaoInicial.asp?base=ADIN&s1=oab&processo=1127

http://www.senado.gov.br/sf/legislacao/const/

http://www.oab.org.br/arquivos/pdf/LegislacaoOab/RegulamentoGeral.pdf

http://www.oab.org.br/arquivos/pdf/LegislacaoOab/codigodeetica.pdf

http://www.oab.org.br/msProvimentoPrint.asp?idt=94/2000&str=&oper=AND

ANOTAÇÕES